熊谷佳奈子様
吉田道雄

Practical Leadership Training

実践的
リーダーシップ・
トレーニング

元気で安全な組織づくりの基礎とノウハウ

吉田 道雄
熊本大学教授

メヂカルフレンド社

まえがき

　私がはじめて"リーダーシップ・トレーニング"に出会ったのは1968年のことである。その頃、私が所属していた九州大学の集団力学講座ではリーダーシップを測定する"尺度"ができあがっていた。主任教授はリーダーシップ研究の第一人者として知られる三隅二不二先生であった。しかし、リーダーシップの現状を"測る"だけでは実践的な効果を期待することができない。それは、"健康診断"の結果を伝えただけでは健康の維持増進に繋がらないのと同じである。そこで、より望ましいリーダーシップを発揮するためのトレーニングの開発が期待されることになる。そうした流れのなかで、"リーダーシップ・トレーニング"の開発がスタートしたところであった。

　最初の本格的な研究はブリヂストンタイヤ（株）の監督者を対象にしてはじまった。職場でリーダーシップ調査を行い、それをトレーニングの場で分析する。その結果をもとにリーダーシップを改善するためのアクションをとる。これが「リーダーシップ・トレーニング」の基本的な図式である。その頃、大分県の天瀬温泉にブリヂストンタイヤの保養所があった。その地で「リーダーシップ・トレーニング開発プロジェクト」が展開されたのである。天瀬には久留米と大分を結ぶ久大線のディーゼルカーに乗って何度となく通った。私は学生だったから「金魚の糞」ほどの役割しか果たせなかったが、目の前で進められるリーダーシップ・トレーニングがおもしろくて我を忘れた。トレーニングを終えた参加者たちは帰りの列車で打ち上げをする。そのときの元気で前向きの姿勢を見てトレーニングのすごさを感じた。ここですでに私の進路が決まっていたのだと思う。

　そんな私を見られたのだろうか、三隅先生をはじめとして助手や大学院の先輩方がトレーニングが入ると声をかけてくださるようになった。そして、「長崎の三菱造船所でトレーニングをふくめた大規模なプロジェクトがはじまるのだけど」と誘われたのが1970年のことである。今度は雲仙の小浜温泉にある国民宿舎が会場だった。ここで数年をかけて「リーダーシップ・トレーニング」が実施された。私もそれなりの体験をして、トレーニングでささやかながら役割を果たせるようになっていた。そしてこのとき、私ははっきりと「リーダーシップ・トレーニング」をライフワークにしようと心に決めたのである。

　トレーニングが対象にする領域は広い。特に看護界では、「リーダーシップ・トレーニング」に対する期待が強く、これに応える形で様々な手法を開

発することができた。また、今日では教育の領域でも評価していただけるようになった。これまで実施したトレーニングのスケジュールシートが500枚を超えた。私の宝物である。もう40年ほど前のトレーニングで撮った集合写真がある。それを見ただけで、「ああ、この人はこんなことを言ったなあ」「あんなことがあって驚いたなあ…」。そんな思い出がよみがえる。私にとってすべてのトレーニングが記憶の箱のなかに入っている。

　私としてはオリジナルな"リーダーシップ・トレーニング"を開発してきたつもりではいる。しかし、ここに至るまでには多くの方々のご指導やサポートがあったことは言うまでもない。そのお一人おひとりのお名前をあげていけば、それだけで前書きとしての適切な紙数を超えてしまう。そうした事情から、ここは"すべての皆様に感謝"という表現でお許しいただきたい。

　そのうえで私的なことを付け加えるのは躊躇するのだが、あえて妻美都子には感謝の気持ちを伝えておきたい。いつの頃からだろうか、私が書くものは論文、評論、小記事を問わず、美都子に目をとおしてもらっている。彼女は私の仕事にはまったくの門外漢であるが、それが故に内容と表現の両面から素朴な疑問を投げかけてくる。そして、その多くが的を射ているのである。本書が少しでも読みやすいものになっているとすれば、それは美都子の貢献によるところが大きい。

2011年6月

吉田道雄

目次

はじめに……i

第1章　リーダーシップ力アップの基礎

1. **グループ・ダイナミックスとリーダーシップ** ● 2
   - 集団の科学としてのグループ・ダイナミックス……2
   - グループ・ダイナミックスのはじまり……3
   - アクション・リサーチの展開……4
   - リーダーシップ・トレーニングのあけぼの……7
2. **リーダーシップ・トレーニングの前提** ● 15
   - リーダーシップ・トレーニングと道具……15
   - 教育から学習へ……16
3. **コミュニケーションの基礎** ● 21
   - 「言語的コミュニケーション」と「非言語的コミュニケーション」……21
   - 「言語的コミュニケーション」の落とし穴……22
   - コミュニケーションの成否を決める組み合わせ……24
   - コミュニケーションと対人関係……26
   - コミュニケーションのインフラ……27

第2章　実践的リーダーシップの探求

1. **リーダーシップを考える視点** ● 32
   - リーダーとリーダーシップ……32
   - 実践としてのリーダーシップ……33
2. **リーダーシップ力の公式とチェックリスト** ● 35
   - リーダーシップ力の公式……35
   - リーダーシップ力のチェックリスト……37
3. **リーダーシップの「行動論」** ● 41
   - 「特性論」から「行動論」へ……41
   - リーダーシップの円錐……42

第3章　リーダーシップ・トレーニングの基礎

1. **リーダーシップ・トレーニングが求められる背景** ● 48
   対人関係力喪失の時代とリーダーシップ・トレーニング……48
   リーダーシップ・トレーニングの文化的背景……49

2. **リーダーシップ・トレーニングの設計** ● 51
   トレーニングの3コース……51
   リーダーシップ・トレーニングの流れ……52

第4章　基礎研修と職場での実践

1. **基礎研修のスタート** ● 60
   リーダーシップ・トレーニングのキックオフ……60
   オリエンテーション……61
   人間理解の基礎……64

2. **情報提供（Ⅰ）** ● 66
   グループ・ダイナミックスと集団理解……66

3. **グループワーク（Ⅰ）** ● 78
   グループの編成……78
   リーダーシップ力アップのグループワーク……79
   グループワーク（Ⅰ）のまとめ……89
   自分のイメージ……89
   心の4つの窓……92
   集団の発達……94

4. **効果的な情報提供** ● 98
   知識から意識へ、そして行動へ……98
   情報提供による説得……99
   説得から納得へ……102

5. 情報提供（Ⅱ）● 104
　　　管理から経営へ……104
　　　リーダーシップと影響力……106
6. グループワーク（Ⅱ）● 116
　　　求められるリーダーシップの探求……116
　　　自分に求められているリーダーシップ行動の探求……123
　　　行動目標の設定……126
　　　行動目標実践の自己決定……129
7. 職場での実践とリーダーシップ・チェック● 132
　　　「見えてますか」シート……132

第5章　フォロー研修

1. フォロー研修のスタート● 136
　　　オリエンテーション……136
　　　3か月後の振り返りと情報交換……137
2. データ分析● 144
　　　データ分析の準備……144
　　　リーダーシップデータの分析……147
3. 情報提供（Ⅲ）● 152
　　　コメントとQ&A……152
　　　情報提供（Ⅲ）……154
4. 行動目標のリフレッシュ● 163
　　　目標設定の条件……163
　　　行動目標のリフレッシュ……169
　　　3か月後の手紙……171

第6章 リスクマネジメントへの展開

1. **グループ・ダイナミックスとリスクマネジメント** ● 174
   - リーダーシップ・トレーニングとリスクマネジメント……174
   - 事故防止のアクション・リサーチ……175
2. **リスクマネジメントとトレーニング** ● 181
   - リスクマネジメントのミニ情報……181
   - グループワークのチェックシート……185
3. **リスクマネジメントにかかわる情報提供** ● 196
   - 安全風土・文化・規範のスパイラル……196
   - リスクマネジメントと悪魔の法則……201
   - マニュアルを守る集団づくり……208
   - リスクマネジメントの公式（分数物語）……210

ホームページへのお誘い……215

文献……217

索引……219

リーダーシップ力アップの基礎

第1章

1. グループ・ダイナミックスとリーダーシップ

→ 集団の科学としてのグループ・ダイナミックス

　健康で活気に満ちた安全な職場をつくることは誰もが望んでいる。そして、その実現のためには「リーダーシップ」が重要な役割を果たすのである。そこで本書では、「リーダーシップ」の理解を深める情報を提供するとともに、その改善／向上を目指す「トレーニング」について詳しく解説する。そこで、まずは「リーダーシップ」とかかわりの深い「グループ・ダイナミックス」の紹介からはじめることにしよう。

　なお、本章のタイトルは「リーダーシップ」に「力」を付けて「リーダーシップ力」としている。これは「リーダーシップは筋肉と同じように、トレーニングによって鍛えることができる」という筆者の考えを反映したものである。その詳細は本書を通じて解説していくことになる。

　「グループ・ダイナミックス（group dynamics）」あるいは、その直訳である「集団力学」と呼ばれる研究領域があることをご存知だろうか。われわれのPR不足もあってか、残念ながら一般にはあまり知られていない。しかし、人の行動を改善する「集団決定法」やリーダーシップ向上を目的にした「トレーニング」の開発など、グループ・ダイナミックスの成果は大いに活用されているのである。グループ・ダイナミックスは、その名のとおり「集団」で起きる現象を研究の対象にしており、その範囲は人間行動のすべてをカバーしている。なぜなら、人間は集団あるいは社会と関係をもたずに生きていくことが一瞬たりともできないからである。第2次世界大戦後、イギリスの労働党が「揺りかごから墓場まで」という政治スローガンを掲げたことがある。社会保障制度を充実させ、「この世に生まれたときからあの世に逝くまで」国がしっかりサ

ポートすると訴えたのである。赤ん坊は人の助けがなければ生きていくことはできない。また、誰一人として自分で墓場に入ることもできないのである。

　しかし現実には子育てを放棄したり、自分の子どもを虐待する親たちがいる。また様々な事情から、自分で命を絶つ人たちも多い。わが国で自殺者が3万人を超えたのは1998年だが、それが2004年には3万4427人にも達している。そして、その後も大きな変化もなく、今日に至っている。これは、1日に80〜90人、1時間で3〜4人が自殺するという異常事態である。自殺は社会や集団から「孤立した人々」、「孤独な人たち」の問題でもある。また社会とのかかわりがもてない人々の「引きこもり」も深刻化している。これらはどれもが「集団」が抱える問題であり、それを解決するためには「集団と個人」を同時に考えていくことが必要になる。そこで、「集団とのかかわりをとおして人間を理解する」ことを目的にした「グループ・ダイナミックス」が大いに役立つのである。

→ グループ・ダイナミックスのはじまり

　グループ・ダイナミックスの歴史は第2次世界大戦前にまで遡ることができる。その創始者であるクルト・レビン（Lewin, K.）は1933年にドイツからアメリカに移住し、数多くの研究を進めた（Marrow, 1969）。その成果をもとに、1944年にはグループ・ダイナミックスの研究センター（Research Center for Group Dynamics）が設立されている。レビンは著書のなかで、「いい理論ほど実践的なものはない（There is nothing so practical as a good theory）」（1951）と述べて、実践に役立つ研究の重要性を強調した。彼はまた「何かを理解したいと思ったらそれを変える努力をすることだ（If you want to truly understand something, try to change them）」とも言っている。ものごとを頭で考えるだけでは問題は解決しない。現実に働きかける過程を通じて、その

本質が理解できるというわけだ。こうしたレビンのことばには、実践を重視する彼の強い気持ちが表れている。それは社会科学の領域で実践からかけ離れた「理論」が一人歩きしている現実への批判だったのではないか。

今日でも、理論と比較して実践的な試みが価値的に低いと考える人たちがいる。彼らは、素人には近づけない高邁な理論こそが研究の主役だと言いたげである。しかし、実践は理論に奉仕するためにあるのではない。それはまさに本末転倒であって、理論のほうこそが実践に役立たなければ意味がない。とりわけ社会のなかで生きている人間を対象にする研究は、「実践性」の面から評価されるべきなのである。

→ アクション・リサーチの展開

現実の社会に役立つ研究を重視するレビンは、「アクション・リサーチ（action research）」と名付けた方法を提唱した（図1-1）。これは文字どおり、「実践（action）」と「研究（research）」を結びつける試みである。その手法はリーダーシップの改善にも活かすことができる。そこでレビンが提示した考え方に手を加えながら、アクション・リサーチのステップを見ることにしよう。

1）現実にある問題を発見し、明確化する

そもそも「アクション」を起こすためには、自分の身の回りの「問題」に気づく必要がある。もちろん、万事が順風満帆にいっていれば問題そのものがないわけだ。しかし、現実はそれほど甘くはない。「自分たちには問題がない」と思っているのは、「問題」に気づいていないだけであることが多い。そんな状況のもとで、予想もしなかったミスや事故が起きることになる。われわれは、毎日の生活のなかで「問題」に気づく感受性を磨いておくことが必要なのである。また、「問題に気づいていても、お互いそれを言い出せない」こともある。そうした状態が放置されていたため、組織の存続を危うくする重大事故が起きてしまった事例

```
日常のウォッチング、           先行研究のチェック、
問題意識                       解決策のアイディア
                              （ボトム・アップ）

1) 問題点の発見と      →    2) 現状を客観的に分析し、
   明確化                      問題解決のための
                              方策を探求する

3) 実践に向けた        →    4) 計画を実践する
   計画を立てる

5) 実践を評価する      →    6) 計画を修正し、
                              新たな実践を行う

7) 獲得した知識や
   ノウハウを一般化する
```

図 1-1　アクション・リサーチのステップ

は枚挙にいとまがない。自分たちの「問題を明らかにし、共有化する」ことが必要なのである。

　ともあれ、われわれはいつも自分の周りのことを「ウォッチング」しておきたい。それが「問題を発見する力」を身につけることに繋がるのである。そして、その問題点を明確に整理しておくことも忘れてはならない。

2) 問題を解決するための方策を探求する

　自分たちの問題が明らかになれば、それを解決するための具体的な方策を考える。それまでの経験や知識をもとにして議論すれば、様々なアイディアが出てくるはずだ。そのとき、職場に「何でも自由に発言できる」雰囲気がないと、個々人の意見やアイディアが抑えられてしまう。また、他の職場で成功した事例や研究成果も参考になる。これに加え

て、現状を把握する調査などを実施してもいい。この段階で正確な情報を得て、自分たちの問題を客観的に分析しておくのである。こうした流れのなかで具体的な対応策が明らかになっていく。

3）実践するための計画づくり

　問題を解決する方策が決まれば、次はその実行に向けて計画を立てることになる。この段階で、計画を進める際に必要な条件や予想される障害を十分に検討しておく。また、計画が達成されたときに組織や個人に起こる変化を明確にしておくことが期待される。それがアクション・リサーチの成果を評価する際の基準になる。

4）計画の実践

　計画が決まれば、いよいよ実践である。ただし、現実には計画どおりにいかないことも出てくる。それが致命的な障害であれば計画は頓挫する。そうした事態に陥らないためにも、「計画づくり」の段階で十分に議論しておくことが欠かせない。もちろん、小さな障害は臨機応変に計画を修正しながら克服していけばいい。そうした失敗の体験と気づきが長期的には組織にとって大きな力になる。

5）実践の評価

　この段階では可能な限り客観的な視点から結果を評価することが求められる。実践にかかわった全員が「研究（リサーチ）する」気持ちで自分たちの成果を検討するのである。その成果も「うまくいった」「うまくいかなかった」とチェックするだけでは意味がない。大事なのは「どうしてそうなったのか」を明らかにすることである。われわれには、実践「する」だけでなく、「したあと」にその結果を説明できる力が求められているのだ。それが欠けていると、次のアクションをとることができない。また、評価にあたっては「失敗」は言うまでもなく、「成功」についてもそれに影響を及ぼした原因を分析しておく必要がある。われわれは「予想外の成功」をすると、つい有頂天になってしまう。そこで冷静に客観的な分析ができるかどうかが、その後の実践の成否を決める。「実践結果」を多面的に分析することで、新たなアクションへのエネ

ギーが生まれるのである。

6）計画の修正と新たな実践

　評価結果に基づいて計画の改善・修正を行い、さらにレベルアップした実践の段階に進んでいく。それが上昇スパイラルとなって組織に望ましい変化がもたらされる。こうしてアクション・リサーチは組織が存続する限り成長していくのである。

7）獲得した知識やノウハウの一般化

　新しい試みが成功したときは、そこで得た知識やノウハウを他の組織に応用することを考える。個別の実践活動である「アクション」を一般化し普遍化することは「リサーチ」の重要な役割である。もちろん、「リサーチ」は専門家が行う学術的なものに限定する必要はない。ある組織で得られた成果が広く活かされることは社会全体にプラスになるのである。

　ところで、アクション・リサーチの流れは、「PDCAサイクル」と完全に重なっていることがわかる。"PDCA"とはPlan-Do-Check-Actの頭文字をとったものだが、目標をもって何かをするとき、まずは「計画（Plan）」を立ててから「実践（Do）」に取りかかる。そして、その結果を「評価（Check）」し、「評価の分析と改善（Act）」をしたうえで次のステップに繋げていく。「そんなこと当たり前ではないか」と言われそうだが、それがコロンブスの卵というものだろう。この「PDCAサイクル」は第2次世界大戦後に展開された品質管理において提唱された。レビンのアクション・リサーチはそれよりも早くそのすべてのステップを包含していたのである。

▶ リーダーシップ・トレーニングのあけぼの

　グループ・ダイナミックスの創始者であるレビンは「リーダーシップ・トレーニング」に繋がる3つの重要な研究を行っている。ここでは、その概要をみておこう。

□ リーダーシップの実験

　この実験では11歳の子どもたちにお面づくりなどの課題が与えられた。その際に指導者を「専制型」「民主型」「自由放任型」の3つのタイプに分けたのである。「専制型」の条件では、指導者がすべての方針を決定し、命令によって作業を遂行させた。また、作業を一緒に行う相手についても指導者が指定した。子どもたちは自由に振る舞うことが許されなかったのである。こうした状況に置かれて、子どもたちは「仕事」について先の「見通し」をもつことができなかった。さらに指導者は作業のできばえについてほめたり批判したりしたが、いずれも「個人的」「主観的」な色合いの濃いものだった。

　これとは対照的に、「民主型」の指導者のもとでは作業の手続きを集団の討議によって決めた。また、子どもたちが技術的な援助を必要とするときは、指導者が複数の対処法を提示した。子どもたちは、そのなかから自分たちがいいと思う方法を選択するのである。さらに結果を評価する際は「即時性」と「客観性」を重視した。前者は、子どもたちがほめられる行動や注意すべき行動をとったとき、その場ですぐに評価することを指している。これは学習心理学の領域で「即時フィードバック」と呼ばれているが、タイミングをはずさない評価が学習を促進するのである。成人の場合でも、特に問題を起こしたときは時間を置かずに、そのことを指摘し指導することが大事だ。もちろん、人の前でこれ見よがしに叱るのは避けなければならない。しかし時間が経過したあとになって、「あのときはああだった、こうだった」と思い出すように指摘しても迫力はない。それどころか、「あの人はとても執念深くて昔のことをいつまでも憶えている」などと陰口を叩かれてしまいかねない。さらに、「民主型」のリーダーは「仕事の分担」を子どもたちに任せるなど、文字どおり「民主的」に振る舞ったのである。

　「自由放任型」の指導者は子どもたちとの関係を最小限に抑えた。ものごとを決めるのはすべて子どもたちに任された。また、求められれば

情報を与えると伝えてはいたが、子どもたちの話し合いには参加しなかったし、作業にもかかわらなかった。さらに、仕事の進め方を評価したり調整したりする役割も果たさなかった。

　こうして、3つの指導法が子どもたちに与える影響について、データの収集と分析が行われた。その結果、子どもたちの集団には大きな違いが見出された。指導者が「専制的」に振る舞った集団では、子どもたちが落ち着かず、お互いの間に「敵対意識」が生まれた。子どもたちは一方的に押さえつけられることで自由な発言も行動もできなかったのである。それが欲求不満として蓄積されていったと思われる。そのエネルギーが一定の限度を超えると攻撃的な行動が引き起こされる。それは大人に対する反発という形をとることもあるが、子どもたちの間で起きやすくなる。お互いに「攻撃しやすい」からである。それが弱い者に向かえば「いじめ」になるわけだ。また、「専制型」の指導者に対して服従的な態度を見せたり、リーダーの気を引く行動をとる子どもたちも現れた。さらに、指導者の前ではおとなしくしている子どもたちが、指導者がいなくなると攻撃的な行動に走るケースもあった。このように「専制型」による指導は子どもたちに望ましい影響を与えるとは思われなかった。

　実験の結果、望ましい効果が見られたのは「民主型」だった。それは常識的に予想されることでもある。何よりも、子どもたち同士が仲良く作業を進めた。お互いに開けっぴろげで、生き生きとした人間関係が築かれていった。それが子どもたちの活動に力を与え、作業の評価も高くなる。仕事が順調にいけば、そのことがさらに意欲を高める方向に働く。プラスの上昇スパイラルができあがるのである。

　もう1つの「自由放任型」の場合はどうだったか。指導者から「放置」され、適切な指導を受けなかった子どもたちに「意欲的に課題を達成する」前向きの姿勢は期待できない。予想されるように、仕事の達成度もできばえも評価される水準には達しなかった。そんななかで、課題に取り組まず遊んでいる子どもたちもいた。さらに、「専制型」の場合と同じような「いじめ」も発生したのである。こうして、レビンたちは大人

の指導の仕方によって子どもたちの意欲や満足度、そして課題の達成度が違ってくることを明らかにしたのである。これこそはリーダーシップ研究の先駆けと言うべきものであった。

□ 集団決定法の開発

　レビンは人の態度や行動を変える試みにも果敢にチャレンジした。「知行合一」ということばがある。「知っていること」と「行動」が一致していることである。しかし、口で言うのはやさしいが、その実現はむずかしい。毎日を振り返れば、「わかってはいるけどやめられない」ことや「わかってはいるけどできない」ことが実に多い。「知識」がそのまま「行動」に結びつくのであれば、飲酒運転など起きるはずがない。暴飲暴食を注意されても聞く耳をもたず、ついには体を壊してしまう者もいないはずだ。とりわけ「習慣化した行動」を変えることは途方もなくむずかしいのである。

　こうしたなかで、レビンたちは「食習慣の変容」を実現するために「集団決定法」と呼ばれる技法を開発して成功を収めたのである。アメリカが日本と厳しい戦争を戦っていたときである。豊富な資源に恵まれたアメリカでもたんぱく源である肉不足が問題になった。戦場の兵士に良質の肉を送っていたからである。肉不足を解決するための対策として、レバーなどの「内臓」を食べることが考えられた。ところが、当時のアメリカ人たちには「内臓」を食べる習慣がなかったのである。それを克服して主婦たちに内臓を調理してもらう必要がある。そこで生まれたのが「集団決定法（group decision making）」と呼ばれる技法だった。「三人寄れば文殊の知恵」と言う。問題が起きたときには人が集まって話し合うといいアイディアが生まれる。そんなことは誰でも知っているから、話し合いのための会合は日常的に行われている。しかし、議論したあとで「みんなで実行しましょう」と決めるだけでは、なかなかうまくいかないのが現実である。人の態度や行動はそれほど変わりにくいものなのである。そこで、レビンたちは集団で話し合ったあとに、メンバーの一

人ひとりが全員の前で「私は□□を実行します」と自分の意思を表明することを考えた。これが「自己決定」と呼ばれるものであるが、「集団決定法」の特徴はこれを「集団の話し合い」に組み込んだところにある。「集団討議」と「自己決定」から2語ずつとって、「集団」＋「決定」＝「集団決定」と考えるとわかりやすい。

　こうしてレビンたちは、主婦が「それまでの習慣を変えて、牛肉の代わりに内臓肉を調理して食卓に供する」ことを目標に「集団決定法」の実験を行ったのである。会場に集まった主婦たちを6つのグループに分けた。このうちの3グループには食習慣を変えるための講義が行われた。そこでは戦争による肉不足の状況を説明し、緊急に対応することの重要性を訴えた。そして、専門家が図や表を使いながら内臓の栄養価をわかりやすく解説した。さらに、内臓の臭いを消す方法やおいしい調理法についての資料も配られた。こうした工夫によって、講義は楽しい雰囲気のもとで行われた。受講者たちは感じのいい講師から「内臓を食卓に供する」ことの必要性と重要性について「十分な知識」を得たのである。

　これに対して集団決定法のグループでは、はじめに現在の社会状況を説明し、あわせて肉に代わる内臓の栄養について情報を提供した。その後、主婦たちは現実に内臓を調理できるかどうかについて集団で話し合いを行った。そのなかでは様々な問題点も話題になった。グループではそうした問題を解決する方法についても検討が行われた。そして予定された時間になったところで、主婦たち全員がグループメンバーの前で「次の週に1回は内臓を使って料理する」ことを「自己決定」したのである。

　「講義法」と「集団決定法」は主婦たちの「食習慣を変える行動」に大きな違いをもたらした。「講義」を受けたグループの主婦のうち、1週間後に「内臓肉を調理した」者は3％に過ぎなかった。これに対して「集団決定法」のグループでは32％もの主婦が内臓を使った料理をしていた。「集団決定法」の効果がデータとして明らかにされたのである。ただし、実際にアクションをとったのは32％だから、2/3の人々は習慣

を変えたわけではない。その点では「集団決定法」の効果を過大に評価するのは危険である。しかし、少なくとも「講義」という典型的な知識注入型の働きかけとは比較にならないほど有効であることは事実なのである。人間の様々な試みは「その時点でベターな選択がベストの選択」だと考えたい。「たった30％じゃないか」などと言わずに、とにかく前に踏み出してみることである。

　その後、レビンは「講義法」の代わりに「個人教示法」を導入した実験も行っている。このときは母親が赤ん坊にオレンジ・ジュースと肝油を与えることが目標だった。その結果も「集団決定法」の効果を実証するものだった。特に「集団決定法」を体験したグループでは、時間とともに「実践率」が向上し、最初の2週間で80％を超え、4週間後にはほぼ100％を達成したのである。

　すでにみたように、「集団決定法」では、最終的に「行動を変える意思の表明あるいは宣言」である「自己決定」が重要な役割を果たすのである。わが国でも昔は「血判状」なるものがあり、映画や舞台で見ることがあるが、こうした決意表明も「自己決定」ということになる。ただし、それが力をもつにはメンバーたちに信頼関係が確立しており、お互いに支え合う気持ちがなくてはならない。リーダーシップはそうした集団をつくりあげるために欠かせないのである。

□ 感受性訓練の開発

　「リーダーシップ・トレーニング」に影響を与えたレビンの3番目の仕事は「感受性訓練（sensitivity training）」の開発である。レビンたちはコネチカット州の人種関係委員会の依頼で指導者を養成する研修を行った。その日の研修が終わるごとに収集されたデータを分析する会合が開かれていたが、そこに数名の参加者が加わっていた。あるとき、参加者自身から研修スタッフの解釈に異論が出されたのである。それをきっかけにして、参加者たちの「いまここで」の行動を取り上げ、お互いに様々な解釈を行っていく「感受性訓練」が生まれたのである。

「感受性訓練」は英語のイニシャルをとって「ST」と略称したり、「Tグループ」と呼んだりもする。「T」は「training」の頭文字である。これが人に対する感受性を高め、対人関係を改善・向上させる技法として全米に広まっていくことになる。

　ほとんど同じ時期に、カウンセリングを背景にしてカール・ロジャースが「エンカウンター・グループ」を開発している。これは直訳すると「出会いの集団」であるが、「感受性訓練」と共通するところが多い。両者とも準備された課題が与えられない状況で、メンバーたちが相互理解を深め、対人関係スキルの獲得や人間的な成長を図ることを重視する。もちろん両者に違いもある。たとえば「感受性訓練」では「トレーナー」が集団をリードするが、同じ役割を果たす者を「エンカウンター・グループ」では「ファシリテーター」と呼んでいる。いずれにしても、特定の課題を設定しないで「いまここで起きていること」を徹底的に分析していく。その過程でメンバーたちが自分の行動やその心情を吐露する。それらをお互いに受容したり拒否する、あるいは解釈し理解するといった過程をとおして望ましい対人関係をつくる力を身につけていくのである。

　1960年代の後半には九州大学でカウンセリングとグループ・ダイナミックスの研究者たちが「感受性訓練」を実体験しながら研究を進めていた。ようやく20歳代に達した筆者はその研究に参加し、トレーナー的な役割をたたき上げ的に学んでいった。いまから思えば、それが自分の「リーダーシップ・トレーニング」への入り口だったのである。

　その後、「感受性訓練」の体験を重ねていくうちに、筆者は漠然とした疑問を感じはじめる。「感受性訓練」では参加者たちを逃げ場のない状況に追い込んでいく。こうした厳しい手法が、人々の態度や行動に影響を与えることは事実だろう。それはアメリカのような風土ではいいとして、わが国においても同じ効果が期待できるのだろうか。仮に効果があるとしても、参加者にマイナスの影響を与えることはないのだろうか。こうした疑問に対して筆者なりに考えるところがあった。アメリカと日

本では対人関係を取り巻く環境が違っている。アメリカは多民族からなる国であり、人々が背負っている文化や考え方も多様だ。そうしたなかで相互理解を実現するには、お互いの行動やその背景にある考え方の違いを乗り越えていかなければならない。そのときに、安易な妥協は障害になる。そこで、「いまここで」起きていることだけに焦点を当てて自分たちの考え方をぶつけ合う。「私たちのところでは」とか「あのときは」といった「逃げ」は許されない。こうした厳しさがあればこそ、態度や行動も変化するのである。しかし、それは参加者たちを追い詰め、心理的なダメージを与える可能性も孕んでいた。筆者は「トレーニングは効果がないといけない」とは思っていた。しかし、それは「プラスの効果」であるべきだ。「大きな効果が期待できるのだから、少しばかりの副作用は仕方がない」というわけにはいかない。「トレーニングは最悪でも効果ゼロ」が最低の基準なのである。それを確かなものにするために、筆者はトレーニングに現実の課題や道具を導入することを考えた。「いまここで」の生々しい行動にこだわらず、自分たちの日常を振り返り、とるべき行動を探していくのである。そうなると、純正の「感受性訓練」ほど大きな効果は期待できなくなるだろう。しかしその代わり、「マイナスのダメージ」を与える可能性も低くなるはずだ。筆者はこうした発想をもとにして様々な課題や道具を開発することになる。

　ともあれ、今日の「リーダーシップ・トレーニング」が夜明けを迎える頃に、グループ・ダイナミックスの創始者レビンがいたのである。

2. リーダーシップ・トレーニングの前提

→ リーダーシップ・トレーニングと道具

　本書の目的は、職場での「リーダーシップ力」向上に活用できる情報を提供することである。そのためには、理論の解説よりも実践のノウハウに重点を置くことが必要になる。そこでこれから、筆者が様々な組織で進めている「リーダーシップ・トレーニング」をライブ感覚で解説していく。そのなかでトレーニングで使用する各種のシートをはじめとした道具も提示する。

　本書を読み進むうちに、読者が「職場で『リーダーシップ・トレーニング』を実施してみよう」という気持ちになっていただくことを期待している。

　「リーダーシップ・トレーニング」では、当然のことながら、リーダーシップの理論をはじめとして様々な情報が提供される。しかし、知識を得るだけではリーダーシップの改善は実現できない。理論や情報を吸収し、それを職場で実践していくノウハウを身につけることが必要なのである。理論を解説する「講義」が行動変容に結びつきにくいことは、「集団決定法」を紹介した際にみたとおりである。そこで、「リーダーシップ・トレーニング」では講義に加えて、集団の力を活用するグループワークを導入する。しかし、それも単なる「話し合い」で済ませては、リーダーシップの改善は期待できない。それで効果があるなら、世の中は「優れたリーダー」であふれているはずである。しかし、現実には多くの人々がリーダーシップの発揮に苦労しているのだ。そこでグループワークの効果を高めるために様々な工夫が必要になる。

　こうしたことから、「道具」の開発は「リーダーシップ・トレーニン

グ」にとって重要な役割を担っている。トレーニングでは様々な「シート」を使用するが、それらは典型的な「道具」である。さらに講義で伝える情報の内容そのものも「道具」だということができる。参加者たちに伝えたいことは同じでも、使用する分析シートやチェックリストによって理解度や納得度が違ってくる。

　本書では、筆者が開発した様々な「道具」を提示する。それらを活用して、読者も職場で「リーダーシップ・トレーニング」を実施していただきたい。

→ 教育から学習へ

　一般的に、「リーダーシップ・トレーニング」は職場における教育の一環として導入される。そこで、本題に入る前に「教育」のあり方について考えておくことにしよう。

　今日では「生涯学習」ということばを耳にする機会が多い。文字どおり「生涯にわたって学習」を進めることである。それによって、人はいつまでも成長しつづけながら生き甲斐のある人生を送ることができる。ところで、「生涯学習」は長い間「生涯教育」と呼ばれていた。それが時代の変化とともに「生涯学習」になったのである。すでに20年以上が経過しているが、1987年に当時の文部省は「社会教育局」を改組して「生涯学習局」を設置している。また「生涯学習の振興のための施策の推進体制等の整備に関する法律」が制定されたのは1990年のことである。ここで「教育」から「学習」への転換が行われたのだが、その理由は容易に推測できる。「教育」はあくまで「教え、育てる」側に立ったことばである。これを「教えられ、育てられる」と読むことはまずない。それでは「学習」はどうか。こちらは「学び、習う」が順当だろう。もちろん、「学ばせ、習わせる」と読めないことはないが、わざわざそんな読み方をする者はいないだろう。これが「学ぶ」側からの表現であることは誰にもわかる。どちらも、「生涯を通じて学ぶ」ことでは共通

しているが、その主役が交代したのである。このような視点の転換は「生涯学習」に限られたものではない。リーダーシップの改善を目指すトレーニングも、「教える」側ではなく「学ぶ」側に立って展開していくことが求められるのである。

　「教育」であれば講義だけで十分だが、「学習」となるとそうはいかない。「教育」の成果が上がらないと、その原因を「学習者」のせいにしたくなる。「もともと力がないから」「しっかり勉強しないから」「仕事に対する意識が低いから」等々、その理由はいくらでも挙げられる。しかし、「学習」に重点を置くのであれば、思うようにいかないときは「教育」する側に問題があると考えなければならない。効果が出ない原因を分析し、スケジュールや道具を修正していく必要があるのだ。「他人が変わらないと嘆くのではなく、まずは自分のほうが変わる」。これはリーダーシップの改善に欠かせない視点だが、それはそのまま職場で教育やトレーニングを行う側にも当てはまるのである。

　この「『教育』から『学習』へ」の解説を「なるほど」と思われたら、職場の「教育」でも使っていただくといい。

　そこで、筆者が「『教育』から『学習』へ」と題して話している内容をご紹介しよう。ここでは、トレーニングの雰囲気を伝えるために「話しことば」を使うことにする。

❝　皆さん、ここに「講議」と書かれていますが、これでよろしいですか（図1-2を提示する）。あるいはどこかおかしいところがありますか…。学生の試験や社会人の感想文などを読んでいると、ときおり誤字に気づきます。そのなかでかなり頻繁に出合うのが「講議」です。おわかりのように正しくは「講義」で、「議」の「ごんべん」はいりません。「これでいいですか」という問いかけに、「『議』が間違ってます」と答える方もいらっしゃいます。そこで、私はさらにお聞きするわけです。「それでは、どうして『ごんべん』がいらないかご存知ですか」。これに対してすぐに答えが出されることは

> ### 「教育」から「学習」へ
> ―4つのキーワード―
>
> - 講義
> - 受業
> - 共育
> - 参加と参画
>
> 教育 → 講義 → 受業 → 共育 → 参画 → 学習

図1-2 「教育」から「学習」へ

ほとんどありませんので、私は笑いながら話を続けます。「そのわけは『講義』では私語をしてはいけないからですよ」。こんな妙な解説を聞いただけで、その場の雰囲気がなごやかになります。ひょっとしたら、「そうは言うけど『講』には『ごんべん』が付いているじゃないですか」と反論をする人がいるかもしれませんね。しかし、これは授業をする教師のことを指しているんです。だから、「ごんべん」は必要なんです。教える側まで無言のままだと授業は先に進まないでしょう。そんなわけで、「講議」は漢字の表記としては誤っていますが、実は私はこんな「講議」もいいなあと思っているのです。もちろん授業中に私語をしなさいなどと言うわけはありません。そうではなくて、皆さんと私の間でにぎやかに「議論」ができれば、楽しく活気のある授業になると思うからです。

学生を対象にした授業では、これが双方向のやりとりを大事にするという宣言になる。この点はリーダーシップ・トレーニングでも同じで、参加者たちに積極的な「議論」を促すための「話」として使うことがで

きる。

　これに続けて、「受業」「共育」「参加と参画」を取り上げていく。いずれも、「講義」と同じような視点から話を展開する。

　期末試験で「受業」と書いた学生がいた。終了時間が迫って慌てていたのだろう。正しくは「授業」だから、この場合も明らかに誤字である。しかし、私はこれもまたおもしろいと思った。授業の「授」は「さずける」と読む。それは間違いなく「教育」する側の視点に立ったことばである。これに対して「受業」は「しっかり受けるぞ」という気持ちが表れているように見えたのだ。授業やトレーニングにはこうした積極的な姿勢で参加してほしいのである。

　「共育」は教師たちにはすでに「共通語」になっている。教えるという行為をとおして学ぶ側から教えられる。それが教育の原点だと考えるのである。これはリーダーシップについても同様で、職場のリーダーは部下たちから多くのことを学んでいるはずだ。「部下から学ぶことなど1つもない」。そんな認識では部下との信頼関係は築けない。「リーダーシップ・トレーニング」でも、実施する側が参加者たちの反応を受け止めながらスケジュールに手を加え、新しい道具を開発していく。これもまた「共育」ということができる。

　「参加と参画」は学習だけでなく仕事の意欲を高めるために欠かせない。「参加」はごく普通のことばだが、近年は「男女共同参画社会」のように「参画」のほうが目立つようになった。この両者には微妙なニュアンスの違いがある。「参画」の「画」は「計画」「企画」「画策」などに含まれていて、「行動力」「実行力」を伴った積極性が感じられる。これに対して「参加」は「加わる」ことだから、「参画」よりも消極的で、「そこにいる」だけでも「参加」したと認めてもらえそうである。それでは「枯れ木も山のにぎわい」になってしまう。「リーダーシップ・トレーニング」はリーダーが自分自身で行動を変えることを目的にしている。そこで、トレーニングには積極的に「参画」することが必須の条件になる。

ところで、日常生活にも浸透してきた「参画」ということばだが、これはいつ頃から使われるようになったのだろうか。その正確な時期は特定できないが、筆者がはっきり記憶していることがある。それは九州大学の三隅二不二教授（当時）をトップにしたアクション・リサーチの思い出である。今では前世紀になるが、1970年代に長崎の造船所で事故をなくすための大規模なプロジェクトが展開された。それは「リーダーシップ・トレーニング」と「小集団活動」を中核にした新しい試みであった。そのプロジェクトは数年間にわたって行われたが、当初の目的である事故件数の大幅な減少を実現したのである。そこで、その成功事例を広く産業界に知らせるために、一連のプロセスをスライドにまとめることになった。当時はビデオが一般的でなかったため、視聴覚的な教材としてはスライドが最適だったのである。それを作成したのは日本生産性本部だったが、そのタイトルは「全員参画による安全運動の展開」であった。初出の時期はわからないが、「参画」は、少なくとも1970年頃にはすでに使われていたのである。

　こうして、図1-2の最下段にまとめているように、「講義」「受業」「共育」「参画」という4つのキーワードを取り上げながら、「『教育』から『学習』へ」というテーマで話を展開していく。これによって、トレーニング参加者たちの「積極的かつ主体的にかかわろう」という意欲が高まることを期待するのである。

3. コミュニケーションの基礎

→ 「言語的コミュニケーション」と「非言語的コミュニケーション」

　スムーズなコミュニケーションができることは、リーダーに求められる基本的な条件である。われわれは「コミュニケーション」と聞くと、まずは「ことば」によるものを思い浮かべる。しかし、ことば以外でも、顔の表情や身振り、服装などはコミュニケーションの重要な要素になる。世の中には仕事に対応した制服があるが、それが人々に影響を与えたりする。たとえば、「白衣高血圧」で困っている患者がいる。自宅で血圧を測ると正常値なのに、病院で医師や看護師の白衣を見ると数値が上がってしまう。その人にとっては「白衣」が緊張感を高めるのである。ときおり、警察官から職務質問されて指名手配犯が捕まったりする。犯罪を犯した者にとって警察官の制服は不審な行動を起こさせるほどの影響をもっているのだろうか。

　いずれにしても、ことば以外にもコミュニケーションに影響を与える要因はいろいろ考えられる。そこで「ことば」を使って意思を伝達するものを「言語的コミュニケーション」と呼ぶ。英語では verbal communication である。verbal は「ことばの、ことばからなる」という意味である。これに対して「ことば以外」のコミュニケーションは non-verbal communication と言う。日本語では「非言語的コミュニケーション」と訳している。

　このように、われわれは「言語」と「非言語」という2つの「道具」を意識的、無意識的に使いながら他人とのコミュニケーションを図っている。特に「非言語的コミュニケーション」には自分で意識していなかったり、気づいていない部分も多い。それが本人の予想もしなかった

効果をもたらすこともあれば、マイナスの影響を及ぼして関係を壊したりすることもある。

　われわれは「言語」「非言語」を問わず、相手に対する情報の伝え方やその内容が相手にどのように受け止められているか、どんな影響を与えているかについていつも考えておくことが必要なのである。

→ 「言語的コミュニケーション」の落とし穴

　人に対して自分の思いや情報を誤解なく伝えることはとにかくむずかしい。実は、「ことば」の特性を考えると、そもそも100％伝わることはあり得ないと考えるべきなのである。

　たとえば、「イヌ」という日本語を知らない人はいない。講演の際に会場に向かって問いかける。「皆さん、『イヌ』ということばをご存知ですか」。これに対してほとんど全員が「どうしてそんな当然のことを聞くのだろう」といった顔をする。そこで私は少し大げさな身振りをしながら、「本当にご存知なんですか」と改めて確認を求める。これに対して、「日本語であの『犬』以外に『イヌ』ってことばがありましたかね」といった感じで小声で話し声が聞こえたりする。そんな雰囲気になったところで、私は笑いながら、「もちろん『イヌ』というのはあのドッグの『犬』のことです。誰だって知っていますよね」と言いながら会場を見回す。全員が「『犬』ならみんな知っているに決まってる」といった顔をする。そこで、「もう一度お伺いしますが、皆さんは本当に『犬』をご存知なんでしょうか」と問いかけるのである。そして、「皆さんは確かに『犬』を知っているのですが、同時に知らないんです」と禅問答のようなことを言う。ここに「ことば」の重要な特性が潜んでいるのである。複数の人たちが一つの「ことば」を知っていても、その内容まで共有しているとは限らない。

　たとえば私が「犬」と言うとき、頭のなかに浮かぶ「犬」がわかる人はいない。それは、小学生のとき神社で遊んでいた私の右足を噛んだ犬

である。その衝撃的体験が、私の犬に対する見方に影響を及ぼし、いまでも「犬」と聞けば「あの犬」のイメージが蘇ってくる。個人的な思い出話は置くとして、われわれには「共通のことば」を使っているために、お互いが「共通の認識」をもっていると思い込んでしまう危険性があるのだ。

　こうした事実を踏まえれば、一人ひとりが「『ことば』は100％通じることはあり得ない」という前提でコミュニケーションを考えていくことが現実的なのである。そうかと言って「どうせ話しても通じない」とあきらめることはない。むしろ、「そのままでは通じない」という事実を認めたうえで、「お互いが理解し合うためにどうすればいいか」について冷静に考えていくことが大事なのである。その意味で、コミュニケーションは相互の違いを認めながら、その溝を少しでも埋めていく継続的な働きかけだということができる。そして、それは決して暗い話ではなく、人間同士が理解し合う努力を積み重ねていく楽しい物語なのである。もちろん、日常会話で交わすすべてのことばについて、お互いが意味を共有しているかどうかを確認することはできない。しかし、職場のリーダーであれば、仕事の大事な局面では、いつも「ことばの特性」を思い出すことが求められるのである。

　ともあれ、「ことば」はコミュニケーションにとって最も大事な道具である。人は「道具」を使う点で動物と区別されるという。しかし、そのレベルを別にすれば、「道具」を使う動物はいる。ただ、「ことば」という「道具」を使うのは人間だけである。イルカも「ことば」をもっていると言われるが、それはあくまで仲間に情報を伝える信号の域を出ない。どんな動物もわれわれのように洗練された「ことば」はもっていないのである。その「ことば」を駆使しながら、人間は経験を伝え知恵を育んできた。

　そう考えると、「『ことば』は、人間理解の最強の道具である」ことは疑いない。しかしその一方で、人間は「ことば」を使って嘘をつく。また、「ことば」を巧みに操って人をだます「オレオレ詐欺」もある。そ

れに、「ことば」が鋭利な刃物よりも恐ろしい凶器になることもある。「ことば」によるいじめは陰湿で心を傷つける。そんなとき、「『ことば』は人間誤解、最悪の凶器」になっているのである。こうした「ことば」の相反する特性を十分に理解していないと、コミュニケーションの機会をどれほど増やしてもお互いの理解が促進されることはない。

→ コミュニケーションの成否を決める組み合わせ

　コミュニケーションは「伝える側」と「受け止める側」があって成立する。そして、この両者の状況をもとにして4つの組み合わせが考えられる。

　ここで図1-3を見ていただこう。まずは、①「伝える側」が「OK」で「受け止める側」が「Not OK」の場合である。「伝える側」は正しい情報をしっかり発信している。しかし、「受け止める側」がそれを理解する力をもっていない。あるいは情報を受け入れる気持ちがないといったこともあるだろう。これでは「伝える側」の独り相撲になってし

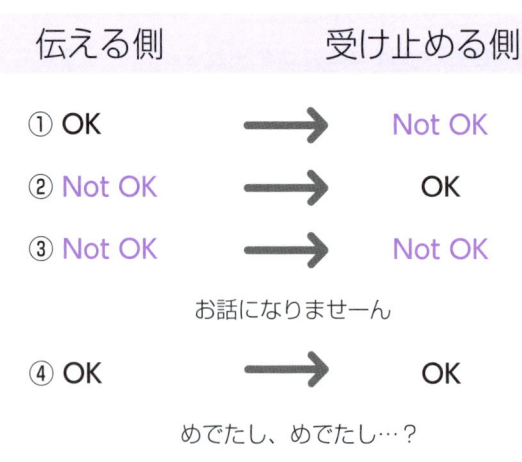

図1-3　コミュニケーション成否のポイント

まい、コミュニケーションは成立しない。

これと対照的なのが、②「伝える側」が「Not OK」で「受け止める側」が「OK」のケースだ。情報発信側が「わけのわからない」ことを言っているのである。これでは「受け止める側」がいくら意欲満々でもコミュニケーションがうまくいくはずがない。

さらに③は見るからに深刻な組み合わせである。「伝える側」「受け止める側」の双方が「Not OK」になっている。とにかく「わけのわからない」ことを言う者と、はじめから「受け止める」力も意欲もない人間が対峙している状況だ。そこにはコミュニケーションが成立する前提条件そのものが欠けている。まさに「お話になりませーん」と叫ぶしかない。

ところで、現実の組織では①と②が同時に平行して進行していることが多い。そう言われて、その意味がすぐにおわかりだろうか。

たとえば、職場の管理職Aさんと、その部下たちの関係を考えてみよう。Aさんは、管理職として自分の役割を十分に果たしていると確信している。ところが、「しっかり情報を発信している」のに部下たちに伝わらない。「自分はOK」なのだが、部下たちが「Not OK」なのである。そこでAさんは、その原因は部下たちの仕事に対する意欲が低いことにあると考える。そして、「これではリーダーシップを発揮する甲斐がない」とAさんは嘆く。しかし、それはあくまでAさんの意見である。そこで公平を期すために部下たちにも話を聞いてみる。すると、Aさんとは対照的なことを言うのである。「私たちは意欲満々です。それなのに、Aさんはいつもいい加減であいまいな情報しかくれません。本当に部下泣かせの管理者なんです…」。部下から見ればAさんこそが「Not OK」なのである。そして、批判はそれだけでは終わらない。「たまにはっきりした指示をくれて驚いたりもするんです。ところが、そのあとでAさんの上役が違ったことを言うと、あっという間に前言を翻してしまうんですよ」。ここまでくると人間関係そのものが壊れているのである。部下側としては自分たちのことを「OK」だと思っているわ

けだ。まさに、①「伝える側 OK」→「受け止める側 Not OK」と②「伝える側 Not OK」→「受け止める側 OK」が同時に進行しているのである。

　このような事例は挙げていけばきりがない。コミュニケーションや対人関係の改善を考える際には、まずはこうした「認識の違い」があることを認めることである。そして、そうした「ズレ」を縮小する具体的な方策を実行していくことが求められるのである。

　さて、最下段の④では「伝える側」「受け止める側」がともに「OK」になっている。ようやく理想的な組み合わせが出てきたようで、「めでたし、めでたし」と評価したくなる。しかし、図にも「？」を付けているが、それほど単純に喜んでいいのだろうか。

➡ コミュニケーションと対人関係

　いま、あなたはとても関係のいい人と話をしている。そんな場面を思い浮かべていただきたい。ところが、その相手が本当は100％伝えるべきところを80％くらいしか言ってくれていないとしたらどうなるか。もちろん、先方に悪意があるわけではなく、単純なうっかりミスである。日常的にもそうした体験をすることは少なくない。ところで、情報量が80％しかないと、話の内容はまったく通じないだろうか。あなたは「本当はこんなことを言いたいんだろう」などと考えながら、不足している20％を補って相手の話を聞くのではないか。この場合は「伝える側」が「Not OK」なのだが、それでもコミュニケーションが成立するわけだ。また、いろいろ話しているうちには言い間違いもする。そんなときも、あなたは「ああ、それって□□のことだよね」と心のなかで修正しながら聞いてあげるに違いない。

　これとは対照的に、関係がまずい人と話しているとどうなるか。相手は120％にもなるほど十分な情報を伝えてくれている。しかし、あなたは気持ちよく話を聞こうとしない。「ああ、いつもと同じでつまらない

話だなあ。あなたの話はいつだっておもしろくも何ともないんだから…」。さらに、「それそれ、その語尾の上げ方、嫌なんだよなあ…」などと内容以外のことにまで文句をつける。こんな気分で聞いているから、話の内容は120％どころか、80％、いや50％程度しか聞いていない。それでも通じるならまだ満足すべきかもしれない。相手との関係のあり方によっては正反対に受け止められることすらある。しかも、本人には「情報をゆがめた」という意識がまったくないから事態は深刻だ。そして、それが「事実」として組織のなかに広がっていけば、情報の発信源としては手の打ちようがない。現実にこうした経験をした人も少なくないのではないか。相手と関係が悪いと、些細な言い間違いでも心のなかで絶叫する。「えーっ、それっておかしいよ。あなたはいつだっていい加減なんだから。本当にやっていられない…」。

　いかがだろうか。たとえ同じことを言っても、対人関係のあり方によって、伝わる情報の質や内容まで変わってくる。情報の内容さえ正しければいいと安心することはできないのである。職場で良好なコミュニケーションを実現するためには、情報内容の正確さだけでなく、それを伝える際の人と人との関係が大きく影響することを忘れてはならない。

➡ コミュニケーションのインフラ

　さて、コミュニケーションにおける対人関係の重要性について、図1-4を見ながら考えていこう。ここでも、その場の雰囲気を感じていただくために、「話しことば」を使うことにする。

> 　さて、ここで「コミュニケーションのインフラ」についてのお話をしましょう。タイトルは「すてきなプレゼント物語」です。
> 　「インフラ」の原語は「infrastructure」です。長いものを短くするのが好きな日本人らしい言い回しですね。辞書の第１義は「下部組織・下部構造」ですが、一般的には「社会の基礎になる施設や経

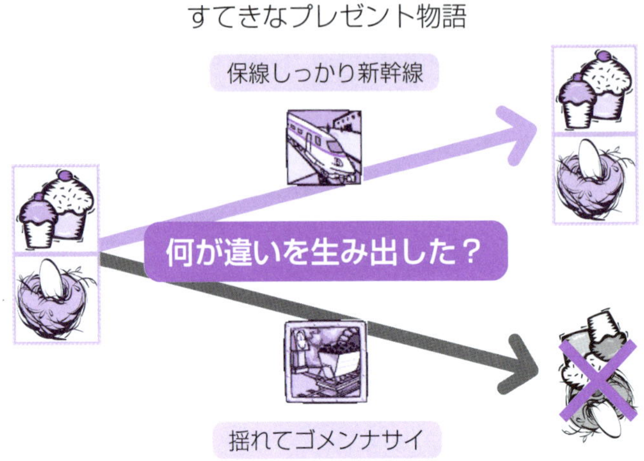

すてきなプレゼント物語

保線しっかり新幹線

何が違いを生み出した？

揺れてゴメンナサイ

図 1-4　コミュニケーションのインフラ

済基盤」を指しています。

　たとえば、私たちにとって生活のインフラと言えば、まずは「電気・ガス・水道」ということになるでしょうか。これに健康を加えれば「病院」も欠くことのできないインフラです。情報社会のインフラと言えば、全国を光ファイバーで結んだり、携帯の基地局を設置することがそれに当たるでしょう。どんなに性能のいいコンピュータや携帯電話があっても、それを使うための設備ができていなければ役に立たないわけです。

　私はコミュニケーションもこれと同じで、インフラがきちんとしていなければうまくいかないと考えるのです。

　図の左側を見てください。これは皆さんが心を込めてつくったケーキです。生クリームいっぱいで、見るからにおいしそうですね。もう一つ、ひよこのときから育てた鶏が初めて卵を産みました。さすがに金の卵ではありませんが、あなたにとってはそう思いたくなるほど大事な卵の第1号です。

　さて、この2つのプレゼントをいつもお世話になっている方に送っ

たところ、図の右上のように無事に届きました。先方も大いに喜んでくれたので、めでたしめでたしです。しかし、いつもこんなにうまくいくのでしょうか。ひょっとしたら右下のような状態になることだってあるかもしれません。ケーキが箱のなかでひっくり返って、おいしいはずの生クリームがベタベタと箱の裏側にくっついています。せっかくの卵も殻にひびが入って黄身が漏れ出てしまっている。これでは受け取ったほうもがっかりですね。まったく正反対の事態が起きてしまったわけです。どうしてこんな違いが生まれたのでしょうか。それはケーキや卵を送るインフラが違ったからです。

　たとえば線路がしっかり整備されている新幹線で送ったとしましょう。それならケーキも卵も無事にあっという間に届きます。ところが保線が今ひとつの線路を走るトロッコだったらどうでしょう。トロッコにはトロッコの役割があるので、一方的に決めつけるのは申しわけないのですが、乗り心地もスピードも最悪でしょう。ガタゴトしているうちにケーキは箱のなかでひっくり返り、卵の殻にひびが入るかもしれません。

　皆さんもおわかりのように、ケーキや卵そのものには何の問題もありませんでした。それどころか、先方には大満足していただけるすばらしい贈り物だったのです。問題はそれを輸送するインフラの違いにあったのです。

　私がお伝えしたいことはおわかりだと思います。コミュニケーションの場合もこれと同じことが起こるのです。

　コミュニケーションの場合は、「ケーキや卵」ではなく「ことば」が送られることになります。もちろん厳密には「ことば以外」の「表情や身振り手振り」といった、「非言語的」なものも含まれます。いずれにしても、自分が伝えたいことを相手にしっかり理解してもらうためには、「正しいこと」を言うだけでは十分ではありません。それを送るときのインフラが大事なのです。「ケーキと卵」では新幹線とトロッコが走る線路をインフラだと考えました。コ

ミュニケーションの場合は、それが日頃からの「人間関係」ということになります。それは「信頼関係」と言い換えることもできます。とにもかくにも「人と人との関係」がコミュニケーションに大きな影響を与えることはしっかり頭に入れておきたいですね。

実践的リーダーシップの探求

第**2**章

1. リーダーシップを考える視点

▶ リーダーとリーダーシップ

　「リーダーシップ」の語源は英語だが、すでに日本語になっているといっていいだろう。あえて英和辞典を引くと、名詞として「指導者」「指導力」などが挙げられている。いつの時代でも、組織がうまくいっていないときは「リーダーシップ不足」が問題にされる。それは国家のような巨大な組織から数人の集団に至るまで、その大きさは問わない。いずれにしても「リーダーシップ」が組織や集団を運営するために重要な役割を果たすことは誰もが同意するだろう。そこで、まずは「リーダーシップ」とはどんなものかを考えておくことにしよう。

　「リーダーシップ」を発揮するのは「リーダー」である。英語を直訳すれば「指導者」だが、一般に「指導者」というときは、公式の「管理者」などを指すことが多い。これに対して「リーダー」は人数が比較的少ない集団などで使われる。また、看護職の場合は数年の経験を積んで、新人を含めた後輩たちを指導する立場になると「チーム・リーダー」と呼ばれたりする。いわゆる管理職ではないが、組織に欠かせないリーダーである。こうしたことから、「リーダーシップ」は組織から「管理職」や「リーダー」として認められた人物が身につけるべきものだと受け止められることが多い。あるいは趣味的な集団であっても、メンバーたちから「リーダー」だと認知されている人が「リーダーシップ」を発揮することが期待される。

　このような見方が間違っているわけではないが、われわれは「リーダーシップ」をさらに広い範囲で考える。それは「リーダーシップ」を「他者に対する影響力」だと定義しているからである。あるいは「影響

が与えられている過程」という言い方もある。リーダーはメンバーの意欲を引き出し、集団の目標を達成するために様々な働きかけを行う。そうした一連の流れを含めて「過程」ということばが使われる。それは一時的な影響ではなく、継続的な行動なのである。ここで「影響」ということばが重要な意味をもっている。なぜなら、集団のなかで「影響」を与えているのはリーダーだけではないからである。集団に所属するメンバーたちが協力し合いながら、自分たちの目標を達成していく。その過程で、お互いが絶え間なく「影響力」を与えているのである。したがって、すべてのメンバーが時々刻々と「リーダーシップ」を発揮しているということができる。そのなかで相対的に「大きな影響力」を行使するのがリーダーなのである。こうした視点に立てば、「リーダーシップ」は公式に「リーダー」として認められた人物だけに期待されるものではないことがわかる。そうだからこそ、「リーダーシップ」は職場で仕事をしている誰もが考えるべきテーマなのである。このような事情を踏まえて、筆者はあえて「リーダーシップ」ではなく「対人関係スキル」と言うことがある。そのほうが、「地位や立場」とは関係なく「誰にも」必要なものだと受け止められるからである。

➡ 実践としてのリーダーシップ

　われわれが効果的なリーダーシップを発揮するためには、どのような条件が必要なのだろうか。それが明らかになれば、職場でも大いに役立つはずである。しかし、「リーダーシップ」については多くの理論や考え方があり、これが完璧だというものはない。もっとも、人間の行動にかかわる普遍的な法則などこれまでもなかったし、これからも出てくることはないだろう。社会科学の代表である経済学にしても、これまで人類全体の幸福を実現する理論があったとは思えない。専門的には多くの理論が提唱されているのだろうが、現実にはバブル崩壊やサブ・プライムローンによる破綻が起きる。こうした事態を目の当たりにすると、人

間の経済行動に関する法則発見などほとんど不可能だと思えてくる。最近は、「行動経済学」ということばを見聞きするようになった。これまでの「経済学」が「合理的経済人」を前提にして、理論を構築してきたのだと言う。しかし、世の中の人々が「合理的」に行動していないことは、「宝くじ」や「ギャンブル」が人気を集めていることを見れば誰にもわかる。そうした反省から生まれたのが「行動経済学」だという（友野、2006）。このように、18世紀のアダムスミスからはじまった経済学も、人の行動を理解し予測することのむずかしさに揺れているのである。

　これと同じ事情が、人間行動の法則を探求する心理学にも当てはまる。「心理学は当たり前のことしか言わない」などと批判される。人間の常識的行動を客観的なデータで説明することは、それだけでも存在意義がある。しかし、心理学に期待されるのは毎日の生活に一般化できる情報の提供である。それを実践すると組織の目標がスムーズに達成され安全に仕事ができる。その結果として誰もが幸せになることが大事なのである。もちろん理論は重要だが、組織で生きる人間としては、とにかく「実践」してみることだ。そして、それが首尾よくいったときは職場のみんなで喜べばいい。たとえ、ささやかな成功であっても、そうした体験を積み重ねていきたいものだ。それが理論的にどんな意味があるかわからなくても、あるいは周りの人たちから評価されなくても、まずは自分たちだけで満足するのである。その意味で「自己満足力」は大事なキーワードである。「自己満足」には根拠のない合理化といった否定的な意味合いが含まれている。しかし、自分たちが努力して得られた成果をまじめに評価し、それを職場で喜び合う力をもたなくてどうするのだろう。それが次の仕事に挑戦するエネルギー源になるのである。どうしても「自己満足」という言葉を使いたくなければ、「自己評価力」といってもいい。ともあれ、職場で働くメンバーたちの「自己満足力」を高めていくことはリーダーに期待される重要な役割なのである。

2. リーダーシップ力の公式とチェックリスト

→ リーダーシップ力の公式

　ここで「リーダーシップ力の公式」をご覧いただこう（図2-1）。もちろん、人間の行動を厳密に数式化することはできないが、ここでは「リーダーシップ」を分数の形で表現してみた。分母は「フォロワーの人数」である。「フォロワー」はリーダーが指導し、まとめていく人たちである。組織の管理職であれば「部下」がフォロワーになる。役職に就いていなくても、職場のリーダーには「フォロワー」がいる。「チームリーダー」にとっては「後輩」が「フォロワー」になるし、教師は児童生徒という「フォロワー」を教えるわけである。どんな状況であれ、フォロワーの数がリーダーシップ力に影響を与えることは疑いない。その数が少なければコミュニケーションもスムーズにいく。それが10人、20人と増えていくにつれて、情報の伝達がむずかしくなる。しっかり

> 何せプロなのだから、少なくとも0より多い
> ただし、努力次第で個人差も出ますが…

> 2倍、3倍になれば、リーダーシップ力も…
> しかし、ひょっとして0だったら…
> そして、マイナスにでもなったら…

$$リーダーシップ力 = \frac{専門力 \times 人間力}{フォロワーの人数}$$

図2-1　リーダーシップ力の公式

指導しなければ、リーダーの指示は伝わらないし考えも浸透しないのである。ただし、フォロワーの最適数は組織の状況や仕事の性質などによって違いがあるため、はっきりした基準はない。それに、リーダーシップが発揮できない理由を人数のせいにするわけにもいかない。

そこで人数の議論はとりあえず置くことにして、分子のほうに目を向けてみよう。分子は「専門力」と「人間力」の掛け算になっている。リーダーが仕事に必要な「専門力」を身につけていることは基本的な条件である。これが十分でないと仕事そのものが進まない。もっとも、職場のリーダーたちは、「専門力」をもっていると認められたから現在の地位に就いているわけだ。その意味で、「専門力」は少なくとも「0より多い」ことは疑いない。ただし、どんな仕事でも状況とともに求められる「専門力」は変わっていく。その点で、リーダーは日頃から「専門性」を磨き続けていくことが必要なのだ。そして、そうした努力の差がリーダーシップ力の違いとなって現れてくるのである。いずれにしても、ここでは職場のリーダーであれば、最低限の「専門力」をもっているものとしよう。

それでは、「人間力」のほうはどうだろうか。これが2倍、3倍になれば、「専門力」に掛け合わされるから、「リーダーシップ力」もそれに応じて強力になる。しかし、「専門力」は少なくとも「0より多い」と考えたが、「人間力」は少しばかり様子が違っている。なぜなら、「人間力」の場合は「0」もあり得るからだ。その場合には、どんなに「専門力」があっても、かけ算の結果として「リーダーシップ力」は「0」になってしまう。さらに世の中には、「人間力」が「マイナス」ではないかと思われる人もいる。こうなると、「専門力」があればあるほど「リーダーシップ力」のマイナスが大きくなる。実際、「自分に力があると思って天狗になっている」などとフォロワーたちから猛反発されている管理者がいたりするのである。

リーダーが専門的な知識と技術をもち、それを向上させる努力を続けることは当然である。しかし、職場でリーダーシップを発揮するには

「人間力」を身につけることにも力を注がなければならない。

→ リーダーシップ力のチェックリスト

　さて、「リーダーシップ力の公式」について納得できたら、次は「自分には『人間力』があるのか、『リーダーシップ力』は大丈夫だろうか」と気になってくる。これについて、図2-2を見ながら解説していこう。これまでのように、「話しことば」を使うことにする。

> 「自分には『リーダーシップ力』が備わっているのだろうか」。誰もがそんな疑問をおもちになると思います。皆さん喜んでください。とてもいいお知らせがあります。私は30年もの年月をかけてリーダーシップの適性を明らかにするためにデータを収集してきました。その結果、ついに「リーダーシップ力」を測ることができるチェックリストを完成しました。データ数は合計で30万件にも達しました。もちろん、こうしたテストに求められる妥当性や信頼性も十分

項目数 30問　所要時間約10分　　サンプル数 300,000
　　　　　　　　　　　　　　　　　信頼係数　　　0.947

特性論：リーダーシップは個人の資質や性格で決まる！

基本的3因子	I	II	III		基本的3因子	I	II	III
タイプA	○	○	○		タイプD	×		
タイプB	○		○		タイプE		×	×
タイプC		○			タイプF	×	×	×

境界型

行動論：リーダーシップは個人の行動で決まる！

図2-2　リーダーシップ力のチェックリスト

に満足できる水準にあります。しかもチェック項目は30問に厳選されていますから、どなたでも10分あればしっかり回答していただけます。

　そもそも、この研究は「リーダーシップ力はリーダー個人の資質や性格で決まる」という前提のもとにはじめられました。そして、3つの因子が「リーダーシップ力」を決めることがわかったのです。いまここで因子の細かい内容までお話する時間はありません。ともあれ、回答を集計すると3つの因子それぞれでプラス（○）とマイナス（×）反応が出てきます。ここで3つの因子すべてにプラス反応した場合は「タイプA」、それが2つだと「タイプB」、そして1つだけプラスであれば「タイプC」になります。「タイプC」と聞くと、何となく今ひとつという感じがしませんか。たとえば野球で「Cクラス」というと下位の球団のことですからね。しかし、このチェックリストの場合は、1つでも「プラス反応」があればOKなのです。その点を理解していただくために、回答者と面接して結果を説明する際に準備したマニュアルの一部をご紹介しましょう。

　まずは「タイプA」のコメントです。相手が自分の前に座ったらにこやかな笑顔で話しかけます。「チェックリストを集計しましたが、あなたはリーダーとしてすばらしい資質をおもちです…」。まったく文句の付けようのないコメントです。「タイプB」の場合は、「あなたのリーダーシップは良好です。これからもさらによくなることでしょう」となります。そして「タイプC」の人には、「これまでどおりでいきましょう。リーダーシップは順調にいくはずです」と伝えるのです。このように、程度の差はありますが、A、B、Cのいずれかであれば、リーダーシップや対人関係に問題が起きる心配はないのです。

　しかし、皆さんもそんないい話ばかりでないことはすでにお気づきですね。そう、図2-2の右側にはマイナス反応を示す「×」の組み合わせがリストアップされています。「×」の個数に応じて「タ

イプD」「タイプE」「タイプF」と認定されるのです。そこで先ほどと同じように、面接マニュアルをのぞいてみましょう。「タイプD」は「×」は1つなのですが、「リーダーシップがうまく発揮されていないようですね。私たちのデータをもとにすると、今後も改善は期待できません」となります。なかなか厳しいですね。次の「タイプE」は「あなたのリーダーシップでは、問題がさらに悪化する可能性があります」と、さらに深刻さが増してきます。そして最後の「タイプF」なのですが、実はマニュアルの表現があまりにも衝撃的なんです。今回はチェックリストをご希望の方だけに回答していただくつもりですから、過激なマニュアルは引用しないでおきます。ここでは「コメントは差し控えさせていただきます」ということでご容赦ください。そうそう、このほかに「境界型」というのがあります。これは「○」も「×」も付かないタイプで、この方々については「今後ともわけがわかりません」としか言いようがありません。

　さて、これで「リーダーシップ力チェックリスト」についてご説明しました。私としては十分に情報を差しあげたと思います。そこでこれに回答して、ご自分のリーダーシップ力を知りたいと思われる方には休憩時間にリストをお渡しします。その準備のために人数を確かめておきたいので、いま手を挙げてください…。

　こうしてチェックリストに回答したいという人に挙手を呼びかける。その場に軽い緊張感が漂うが、少しばかり笑いながら手が挙がりはじめる。これまでの経験では、その人数は組織によって様々である。そこにいるほぼ全員がためらいなく挙手するところもある。それとは対照的にほんの数人だけというケースも少なくない。一般的には若い人たちはすんなり手を挙げる。これに対して、管理職やベテランの方が躊躇する。チェックリストで自分のリーダーシップ力が明らかにされるのだから、責任ある者としては「マイナス」になったときのことを考えるのは当然

である。

　会場を見渡して挙手の状態を確認したところで、私は受講者が耳を疑う発言をする。「大変申しわけありません。いまお話したチェックリストですが、実はそんなものはないんです。そうです、もってくるのを忘れてきたのではなくて、チェックリストがもともとないんです…」。これには多くの人が唖然とし、会場が騒然となることもある。そこで図2-2の「特性論：リーダーシップは個人の資質や性格で決まる！」という、意図的に赤色の文字で書いた一文を指し示しながら話を続ける。「この部分は赤色で強調していますよね。つまりこれは『真っ赤な嘘』というわけです。私たちはリーダーシップを『個人の資質や性格』だとは考えないのです。それではどうするのかと言いますと、私はリーダーシップ力や人間力を『行動』の視点からとらえることをおすすめしたいのです」。そう言いながらアニメーションを使って「行動論：リーダーシップは個人の行動で決まる！」と書かれた部分を画面上に表示する。ここで「特性論」から「行動論」への転換を明確にするのである。

　こうした「だまし」のテクニックを使うのは、「行動論」をしっかり受け入れてほしいからである。「『リーダーシップ力』は『特性』よりも『行動』のほうが大事なんですよ」とことばで伝えるだけでは、「なるほどそうなのか」という納得感が得られにくい。そこでやや過激だと思われる方法を使うのである。もちろん、「だまし」た理由を説明し、あわせてお詫びすることで参加者からは十分な理解を得ている。

3. リーダーシップの「行動論」

→ 「特性論」から「行動論」へ

　ここで、「特性論」と「行動論」について整理しておこう（図2-3）。まずは「リーダーシップ」を「他者に対する影響力」と定義する。

　そのうえで、「特性論」はリーダーシップの善し悪しが個人の「資質」や「性格」によって決まると考える。これを前提にした研究では、リーダーシップにかかわる「特性」として、「生活年齢」や「身長」「体重」「体格」「容貌」、さらには「知能」などが挙げられている。また、「支配性」や「自信」「協調性」のような性格要因なども含まれる。こうした「特性」がリーダーシップ力の向上にプラスに働くことはあり得るだろう。しかし、それが望ましいリーダーの「条件」だと決めてしまうのには疑問が残る。実際、読者がすばらしいと思うリーダーを何人か思い浮

**リーダーシップは、
　　　他者に対する"影響力"**

● 特性論：リーダーの善し悪しは、

　　リーダー個人の資質で決まる…
　　身長、体重、年齢、容貌、学力…

● 行動論：リーダーの善し悪しは、

　　リーダー個人の行動で決まる…
　　行動するか、しないか、
　　　そこが運命の分かれ道…

図2-3　リーダーシップの「特性論」と「行動論」

かべていただくといい。彼らがここで挙がっている「特性」をどのくらい備えているだろうか。いくつかの特性は共通しているかもしれないが、「身長」だけをとっても相当な幅があるに違いない。ましてや、「リーダーに求められる特性は『年齢』だ」などと言われると、「そんなことはない」と反論したくなる。ともあれ、職場のリーダーに求められる共通要素として、「特性」を必要条件にするのは問題が多い。

そこで「特性論」に代わって登場したのが「行動論」である。こちらは「リーダーの善し悪しは、リーダー個人の『行動』で決まる」と考える。つまりは、「行動するかしないか」が望ましいリーダーの基準になるのである。

この両者の差は大きい。「特性論」を採用する限り、リーダーシップの改善は期待できない。そもそも「身長」のような「特性」は本人の努力では改善のしようがないし、「生活年齢」は自分の意思とはかかわりなく変わっていく。

これに対して「行動論」を取り入れれば、その改善にも希望がもてる。どんな行動が求められているかは置くとして、とにかく「行動すれば」リーダーシップを改善できるのである。そして、それを実現するために「リーダーシップ・トレーニング」が大きな役割を果たすことになる。

そこでわれわれはリーダーシップを「行動論」の立場から考えていくことにする。もちろんそれは、「行動論」のほうが「特性論」よりも「希望がもてる」とか「夢がある」といった情緒的な理由からではない。これまで蓄積してきた多くのデータが、「リーダーシップ」を行動としてとらえることの妥当性を明らかにしているのである。

⇨ リーダーシップの円錐

ここで、「リーダーシップの円錐」をご紹介しよう。これによって、「特性論」と「行動論」の違いが明確になるはずだ。ここで2つの円錐をご覧いただきたい（図2-4）。左側は道路工事などで使われるコーン

対人関係の世界

行動のバリエーション

行動　状況が変わってもワンパターン

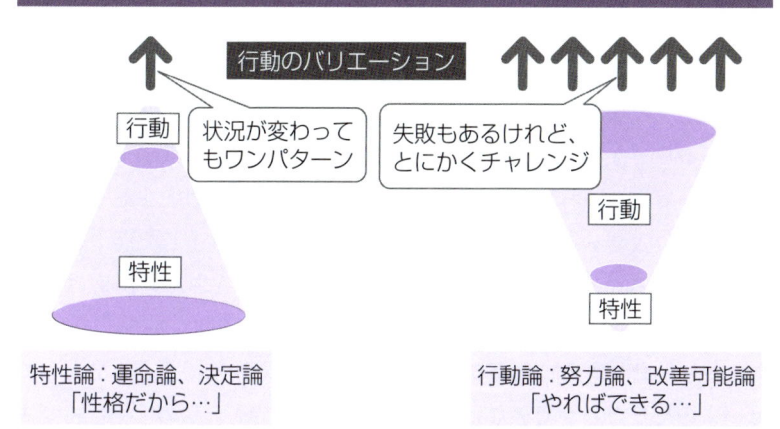

特性

特性論：運命論、決定論
「性格だから…」

失敗もあるけれど、とにかくチャレンジ

行動

特性

行動論：努力論、改善可能論
「やればできる…」

図 2-4　リーダーシップの円錐

のようにしっかり安定していてちょっと押したくらいでは倒れない。これをリーダーシップの「特性論」に当てはめてみよう。底辺からの大部分を「特性」が占めていて、その上に小さな「行動」の部分が乗っかっている。「特性」が「行動」を完璧にコントロールしているのである。「対人関係の世界」と接する行動を示す矢印も円錐の尖った頂点から1本だけ出ている。行動に多様性がないのである。

　仕事の状況は時々刻々と変化する。部下たちの個性もいろいろだ。それにもかかわらず、どんなに状況や相手にする人間が変わっても、とにかくワンパターンの対応しかしない。それではうまくいくはずがない。

　管理職のAさんは、誰が見てもリーダーシップが発揮できていない。それを見かねた先輩のBさんが声をかけた。「Aさん、このごろ部下とうまくいっていないみたいですね」。Aさんは驚いた顔で問い返す。「えっ、どうしてわかったんですか。実は、このごろ部下たちが私の言うことを聞いてくれなくなったんですよ」「やっぱりそうなんだ。Aさん、ほんの少し前までは部下たちに見事な影響力を発揮してましたよね。その成功体験が忘れられないんでしょう」「本音を言うとそうなんです。

私自身はあの頃と変わっていないんですけどね…」。Aさんには部下の反応が変わった理由がわからないようだ。そんな当惑した顔を見てBさんが解説する。「部下の反応が変わったのは当然だと思いますよ。あのときと仕事の状況が違っているし、部下だって異動して新しい人がけっこういるじゃないですか。それなのにあなたの行動は以前とまったく同じみたいですね。お節介だけど、部下に対する働きかけを少し工夫したほうがいいと思いますよ…」。BさんはAさんのプライドを傷つけないように、柔らかくアドバイスした。それに対するAさんの反応は実に単純だった。「いやーっ、心配してくださってありがとうございます。ただ、いいヒントをいただいてもどうしようもないんです。自分としてはいまのやり方しかできないんです。何といっても、私の性格なんですから…」。これではAさんの行動はいつまでたっても変わらない。「行動」は「特性」によって決められていると信じているからだ。それは「運命論」「決定論」の世界なのである。

　そこで図2-4の右側にある円錐に目を移してみよう。こちらは円錐が逆立ちしている。「特性」は下の頂点部分に縮こまっている。そして、その上に大きな領域を占めているのが「行動」である。「対人関係の世界」に向いた広い底辺からは5本の矢印が出ている。「あれもする」「これもできる」と様々な行動の可能性が広がっている。もちろん、すべての行動が成功するとは限らない。しかし、うまくいかなければ、また別の行動にチャレンジすればいい。そこが「行動論」のポイントなのである。それは「努力」することを評価する考え方であり、自分の「行動」が改善できることを信じる世界なのである。

　ここで、「行動論」を強調する逆さまの円錐にも「特性」の部分があることに注意していただきたい。個性あふれる人間がリーダーシップを発揮するのだから、「特性」がリーダーシップに無関係というわけにはいかない。

　たとえば部下に仕事の指示を与える場合を考えてみよう。そのとき、相手に聞こえない低い声で話しかけては指示の内容が伝わらない。した

がって、「部下たちに聞こえる声で話をする」という「行動」は職場のリーダーとして期待されているのである。だから声が小さいのであれば、大きな声を出すように努力する必要があるわけだ。しかし、部下から「もう少し背が高くなってもらえると、指示される際に迫力が増すのですが」とか、「せっかくなら、声優のような澄み切った声で話していただきたいのですが」などと言われても、そんな期待には応えられるわけがない。背丈や声の質といった「特性」は部下たちに我慢してもらうしかないのである。その代わり、声の大きさに気を配り、指示する際の表現に工夫するなど、自分が「努力」できることで対応すればいい。「特性」を乗り越えて「行動」していくのである。これからはリーダーシップを逆立ちした円錐として考えていただきたい。

　ところで、「特性論」と「行動論」はどちらが楽なのだろうか。手のひらの上で円錐体を立てることを考えてみよう。「特性論」の場合は安定しているから倒れる心配がない。リーダーとして望ましい特性をもっていればひたすら喜べばいいのである。そして、何の努力もせず望ましいリーダーであり続けることができる。これとは対照的に、「好ましくない特性をもっている」などと言われたら居直るしかない。「どうせ私って生まれつきリーダーに向いてないんですよ。でも仕方がないじゃない、どうしようもないんだから…」。周りからどんな評価を受けようと、それでおしまいというわけである。

　これに対して「行動論」はどうか。逆さまの円錐体を手のひらの上で倒さないで維持し続けるのは曲芸師でもむずかしい。とにかくいつも緊張してリーダーシップの改善に努めなければならない。「行動論」を採用すれば、その時々に求められる「行動」に気づき、それを実現するために苦労するのである。しかし、それは無駄にはならないはずだ。職場のリーダーとして「苦労は買ってでもする」気持ちで「行動」を実践してほしい。そして、その苦労は必ず報われる。それが「行動論」の世界なのである。

リーダーシップ・トレーニングの基礎

第**3**章

1. リーダーシップ・トレーニングが求められる背景

→ 対人関係力喪失の時代とリーダーシップ・トレーニング

　いよいよ「リーダーシップ・トレーニング」を設計する段階までやってきた。その具体的な内容に入る前に、「リーダーシップ・トレーニング」が求められる今日の時代背景について考えておこう。

　われわれは集団のなかで多くの人々とかかわりながら人生を送る。そこでお互いに良好な対人関係をつくりあげていくことはきわめて重要である。しかしながら、世の中は開放的になったようにみえるが、人と人とのかかわりについてはそれと逆行する現象も起きている。対人関係が築けないことによるトラブルが増えているのである。情報社会は遠く離れた人々同士のコミュニケーションを可能にした。サービス開始時はあまりにも高価で、日常生活への普及など想像もできなかったコンピュータや携帯電話も、いまでは欠かせない道具になった。しかし、その進化に対応するように人と人との直接的な接触は希薄化しつづけている。お互いにかかわりをもつ相手を限定し、自分と気が合う人間とだけコミュニケーションを交わす。そんな状況のなかで、かかわりの薄い人間に対する寛容さが失われていく。自分と波長が合わないと思えば関係を拒否する、その場から逃げる。どうしても接触せざるを得ない者がいても、些細な意見の食い違いで相手を傷つけ、時には死に至らしめる暴力行為に走ったりもする。

　そもそも対人関係スキルの改善は意識的な「教育」や「働きかけ」の対象ではなかった。それは、社会のなかに生まれ、成長する過程をとおして自然に身についていく「力」だった。地域社会がそうした「教育力」をもっていたのである。もちろん、小学校でも「みんな仲良く」といっ

たスローガンが唱えられてはいた。また、道徳などをとおして思いやりや人権を尊重することの重要性も強調されていた。しかし、あえて意識的、意図的に「対人関係」を「トレーニング」する試みが定着していたとは思えない。それもいまや過去の物語である。今日では「対人関係」を意識的に「わざわざ」改善するための「トレーニング」が、社会や組織に欠かせなくなってきたのである。

→ リーダーシップ・トレーニングの文化的背景

　「感受性訓練」や「エンカウンター・グループ」については、トレーニングの先駆けとしてすでに紹介した。ここでは、やや重複するが「トレーニング」の文化的背景と道具について情報を提供しておこう。筆者が「リーダーシップ・トレーニング」に関心をもち、その開発と実践を開始したのは1960年代後半である。その当時の「感受性訓練」や「エンカウンター・グループ」は原則として道具を使用しなかった。特に「感受性訓練」では、「いま、ここで（here and now）」起きていることに焦点を絞っていたから、具体的な課題も提示されなかった。しかし、道具なしで目前の対人関係だけに話題を集中するストレスは強烈だった。その結果、まれな事例ではあるが「感受性訓練」中に自死者が出たことすらある。

　こうした状況のなかで、筆者は「道具」の必要性を実感した。ひたすら「いま、ここで」を焦点化する状況設定は日本人の文化にはなじまない。様々な民族から構成され、多くの文化が併存するアメリカでは、「いま思っている、感じている」ことを直接的に表現する意味は大きいに違いない。そこがあいまいなままでは相互に理解することがむずかしいからである。しかし日本では、お互いの考え方や行動についてある種の了解が成立している。したがって、われわれの場合は、「いま、ここで」という直接的な対人関係に重点を置かなくても「トレーニング」は成立すると考えた。

こうした視点から、筆者は「道具」を使った「トレーニング」の開発に力を入れてきた。ただし、ここでいう「道具」の範囲はきわめて広い。トレーニングで使用する様々なシートはその代表である。また、参加者たちに解説する対人関係やリーダーシップに関する「理論」も「道具」だと考える。さらに、トレーニングを実施する講師やトレーナーも重要な「道具」である。人を「道具」と呼ぶのには違和感があるかもしれない。たしかに、日本語の「道具」には人間は含まれない。しかし、「道具」は英語で「instrument」である。これには「楽器」という意味がある。トレーナーは効果的なトレーニングを実現するために欠かせない大事な「楽器」なのである。楽譜は同じでも楽器次第で曲のイメージが変わるように、同じスケジュールと道具を使ってもトレーナーが変われば、トレーニングの雰囲気や効果も大きく違ってくる。そのこと自身が、トレーニングを設計し実践していく者にとって最大の魅力でもある。
　このような考え方をもとにして、われわれは多くの道具を開発しながら「リーダーシップ・トレーニング」のプログラムを設計し、実践を積み重ねてきたのである。

2. リーダーシップ・トレーニングの設計

→ トレーニングの3コース

　リーダーシップの改善・向上が多くの組織にとって重要な課題であることは疑いない。しかし、組織にはそれぞれ事情があり、教育に充てることができる時間にも制約がある。もちろん、十分な時間をとって長期的にリーダーシップの改善を図りたいという組織もある。こうした多様な期待に応えるために、筆者は基本的に3つのコースを開発している。ここではそれぞれのコースについて、図3-1をもとに説明していこう。

Step 1(2日) 基礎研修 リーダーシップの理論 リーダーシップ行動の探求 行動目標設定	→	Step 2 職場での実践	→	Step 3 職場での リーダーシップ・チェック
Step 4(1日) フォロー研修 実践行動のふりかえり チェックデータ分析 行動目標リフレッシュ	→	Step 5 職場での実践	→	Step 6 職場での リーダーシップ・チェック
Step 7(1日) スタートアップ研修 実践行動のふりかえり チェックデータ分析 行動目標ルネサンス	→	Step 8 職場での実践	→	Step 9 職場での リーダーシップ・チェック	→

図3-1　リーダーシップ・トレーニングの流れ

1) コンパクト・コース(1日)

　このコースは時間が十分にとれない組織に対応するために、1日6時間程度で完結する。これには、図3-1のStep 1〜3が含まれる。ただし、基礎研修の2日間が1日に短縮される。基礎研修に続くStep 2と3は、参加者が基礎研修で設定した行動目標を職場で実践し、それを評価する部分であるが、その詳細は後述する。コンパクト・コースは時間を制限したぶんだけ提供する情報がカットされるが、「とにかく1日で終わる」ことが最大のポイントである。

2) スタンダード・コース(合計3日間)

　このコースは最も標準的なもので、2日間の基礎研修にStep 2〜3と進んだあとで、1日のフォロー研修が加わる。フォロー研修後にStep 5と6が続く。この2つのStepは、コンパクト・コースと同様に参加者が自主的に実践することになる。

3) フル・コース(合計4日間)

　スタンダード・コースに、さらにもう1回の「スタートアップ研修」が導入される。全体のトレーニング期間も半年を超える本格的なものである。詳細は後述するが、ここまで徹底するケースはそれほど多くない。

リーダーシップ・トレーニングの流れ

　ここでは、主として「スタンダード・コース」を中心に、「リーダーシップ・トレーニング」全体の流れを紹介しよう。このコースにはStep 1〜6が含まれる。それぞれのStepに焦点を当てながら、その位置づけと概要を見ていく。

1) Step 1：基礎研修(2日間)

　基礎研修では、集団の力やリーダーシップに関する、文字どおり基礎的な情報を提供する。特に、リーダーシップは個々人の特性ではなく、改善可能な行動であることが強調される。そして、それまでの研究をもとに作成されたリーダーシップ行動リストを使いながら、職場で実践す

る行動目標を設定する。目標は、リーダーとしての自分に、①求められている行動、②フォロー研修までの期間内（およそ3か月）にできる行動、③部下をはじめとした職場仲間に見える行動を念頭において決められる。

　コンパクト・コースでも、リーダーシップを向上するための行動目標が設定される。そのため、「スタンダード・コース」と同様にリーダーシップ行動リストが提示され、それをもとに行動目標を設定する点は共通している。ただし、1日という時間の制約があるため、集団や対人関係、さらにはコミュニケーションに関する情報提供は最小限のものになる。

2）Step 2：職場での実践（3か月間）

　基礎研修から職場に帰って、自分が設定した行動目標を実践する。この期間はフォロー研修までの3か月間としている。基礎研修とフォロー研修の最適な間隔については、トレーニングの効果と結びつく客観的なデータをもっていない。それは多分に経験的なものである。トレーニングが目的にしているリーダーシップ行動は短期間には変わらない。また、周囲の人たちからもそれが認知されるには、やはり3か月程度の期間は必要だろう。これまでの体験で、3か月の間隔に問題を感じたことはない。ともあれ、この期間中に参加者は自分の目標を達成するため努力することになる。

　全体のスケジュールが終わったあとで実施した聞き取り調査によれば、職場で実践をはじめる際に行動目標を部下たちに伝えたという参加者が少なくない。基礎研修では、そうした職場での「宣言」を奨励してはいないから、これは参加者の自発的意思で行われていることになる。その結果、部下たちから「しっかりやってますね」と声をかけられて目標を達成する意欲が高まったという。また、「決めたことをラベルに書いて職場の机に貼り、いつも見えるようにした」という参加者もいた。これで周りの部下たちが行動目標を知って実践をバックアップしてくれたので、その後も達成意欲が維持できたという。

いずれにしても、様々な努力をしながら参加者は行動目標を実践していくのである。すでに述べたように、このStepは1日のみのコンパクト・コースにも含まれている。

3) Step 3：職場でのリーダーシップ・チェック

基礎研修から2か月半ほど経過した時点で調査を実施する。ここでは、参加者が実践しているリーダーシップ行動について部下たちがチェックするのである。そのために、「見えてますかシート」とよぶチェックシートが準備されている。これを使って、参加者たちの実践行動が部下や仕事仲間たちに「見えているかどうか」を確認するのである。このシートの詳細は後述するが、部下たちはあらかじめ記載された3つほどの「上役の行動」について5段階尺度で評価することになっている。

なお、コンパクト・コースの場合はこの調査を行わない。ただし、組織として実践行動の成果を確認したいという場合には、教育担当部門などによって調査が実施されることもある。

4) Step 4：フォロー研修（1日）

フォロー研修は、基礎研修から3か月ほど経過した時期に実施される。ただし、組織の事情から基礎研修後5～6か月が経過して実施したケースもある。

フォロー研修は「実践のふりかえり」からはじまる。最初に、期間中に行動目標が達成できたかどうかを自己評価する。さらに、「自分の変化」や「周りの変化」についても振り返る。「ふりかえり」に続いて、フォロー研修の直前に実施したリーダーシップ・チェックの結果を分析する。職場で部下が回答した「見えてますかシート」は封をされた封筒に入っている。回答者の匿名性を確保するためである。フォロー研修のなかで、参加者が自分で開封し結果を分析していく。この過程をとおして、参加者は部下から見た自分のリーダーシップの現状を知るのである。

「見えてますかシート」の結果は様々だ。職場で実践した行動が部下から高く評価されていることもあれば、期待したほど通じていないもの

もある。特に評価されなかった行動については、それを改善していくための方策を考えなければならない。

　こうした分析を行ってから、参加者たちは部下のデータをもとにお互いの情報を交換する。そこでリーダーシップの改善や職場の課題解決について個人的な体験を交えながら語り、さらにアドバイスを与え合う。そのなかで様々な情報を得て、それぞれが改めて職場で実践する行動目標を決定してフォロー研修が終了する。このときの新しい意思決定を「行動目標のリフレッシュ」とよんでいる。

　ところで、トレーニングには個別の組織で行われる「クローズ型」と、参加者が複数の組織からやってくる「オープン型」がある。前者は「社内研修」「院内研修」などとよばれるものである。それぞれの組織には特有の課題や問題があり、それを解決するために同じ環境で働く人々が集うことはきわめて重要だ。研修後にも「一丸となって課題解決に向かう」エネルギーが生まれる。

　これに対してオープン型にも強味がある。同じ組織内の人間だと、自分たちが抱える問題に対する見方も似たようなものになる。そうした状況では、組織全体を変えていくために欠かせない「発想の転換」が起こりにくい。その点、オープン型の研修では、異なる組織のメンバーから新鮮な情報を得ることができる。参加者たちのなかから、「自分のところが一番大変だなんて思っていたけれど、もっと厳しいところもあることがわかりました」といった声も聞かれる。自分の組織や自分自身を振り返る機会にもなっているのである。また、他のところでうまくいった話を聞いて、自分のところへの導入を考える参加者もいる。もちろん、他組織での成功事例が単純に適応できるほど現実は甘くない。しかしそれでも、旧来の考え方や視点の転換には大いに役立つことは間違いない。

　いずれにしても、フォロー研修における情報交換は、参加者たちの行動改善に望ましい効果をもたらす。それは、参加者への事後アンケートなどからも明らかにされている。

自分のリーダーシップに対する部下評価とその分析を踏まえて、フォロー研修の終わりには新たな行動目標を設定する。この時点でトレーニングは1つの区切りを迎える。筆者のような外部の人間が参加者たちとかかわるのはフォロー研修までである。それから先は参加者自身の取り組みによって、リーダーシップの向上が実現することになる。
　また、職場の上司をはじめとした仕事仲間たちの理解とバックアップが重要な役割を果たす。参加者が行動を変えようと努力しても、それを周りが評価しなければ、意欲は失われてしまう。とりわけ上司のサポートはトレーニングの効果に大きな影響を与える。
　こんな話がある。ある参加者が研修で決めた行動目標について上司に報告した。「リーダーシップ研修に参加させていただいて、いろんな勉強ができました。その成果として、○○にチャレンジすることを決めてきました」。声が少しばかり興奮しているのを覚えながら上司の反応を待った。「いやあ、ご苦労さまでした。それはいいけど、あなたもまだ若いよね。私もあなたくらいの頃は似たようなことを決めたもんだよ。ところが世の中は甘くないんだなあ。すぐに失敗しちゃったんだよねえ…」。その瞬間、どんな顔をしていいのかすらわからないまま、実践する意欲を失ったという。また、「何だ、その程度のことしか決めてこなかったのか」と冷たく反応した上司の例もある。これでは行動の変革など起きるわけがない。部下の積極的な気持ちを受け止めてどうサポートするか。それが上司のリーダーシップなのである。「リーダーシップ・トレーニング」の効果が参加者の強い意志と高い意欲に依存していることは言うまでもない。しかし、それを職場の上司や仕事仲間が支えなければ、せっかくの効果も帳消しになってしまうのである。

5）Step 5：職場での実践
　すでに述べたように、このStepはあくまで参加者の自主性に任される。ともあれ、参加者はフォロー研修で決めた行動目標を再び職場で実践することになる。「職場での実践」というタイトルは、基礎研修後のStep 2と同じである。しかし、参加者はフォロー研修で自分のリーダー

シップに対する部下評価を分析している。その結果をもとに決められた行動目標は、基礎研修後のそれよりも現実的で具体性の高いものになっている。

6) Step 6：職場でのリーダーシップ・チェック

　基礎研修後の場合は、3か月ほど経過してから部下評価による調査を行った（Step 3）。これと同じように、フォロー研修から一定の実践期間を置いて2回目の調査を実施すれば、自分がチャレンジした成果を改めて確認できる。その調査結果を分析し、さらにレベルアップした行動目標を立てていくことが期待される。これはまさしくPDCA（Plan-Do-Check-Action）のサイクルそのものである。こうした試みを継続していけば、リーダーシップ力は間違いなく強化されるはずだ。この過程を「終わることのない上昇スパイラル」だと考えたい。現代風のことばを使えば、「リーダーシップ力の強化は生涯学習」なのである。

7) Step 7：スタートアップ研修（1日）

　すでに述べたように、最も標準的なトレーニングは「フォロー研修」で区切りをつける。それからあとの「職場での実践」と「職場でのリーダーシップ・チェック」は参加者が自主的に行う。これに対して、トレーニング効果をさらに高めたいということで、さらに本格的な研修を取り入れる組織もある。その場合は、フォロー研修後の「職場での実践（Step 5）」と「職場でのリーダーシップ・チェック（Step 6）」は公式のスケジュールになる。そして、3度目の研修にあたる「スタートアップ研修」で、調査結果を再び分析する。それをもとにして3度目の「行動目標設定」が行われる。そして、スタートアップ研修のあとに「職場での実践（Step 8）」と「職場でのリーダーシップ・チェック（Step 9）」が続いていく。

　「スタートアップ研修」は「リーダーシップ・トレーニング」の最後のものだから、本来は「修了研修」と呼ぶべきだろう。しかし、リーダーシップ力の向上は生涯を通じた学習であり、これで終わりということはない。われわれが提供する「リーダーシップ・トレーニング」は、

そうした永続的な取り組みにきっかけを与えることを目的にしているのである。そこで、本当の意味でのリーダーシップ向上を目指した活動はこれからはじまるという気持ちを込めて、これを「スタートアップ研修」と名付けることにした。トレーニングを開発した者としては、その後の「職場での実践」がさらに質的に優れたものになることを期待するのである。

基礎研修と職場での実践

第 **4** 章

1. 基礎研修のスタート

→ リーダーシップ・トレーニングのキックオフ

　本章から、いよいよ「リーダーシップ・トレーニング」がスタートする。すでに述べたように、代表的な「リーダーシップ・トレーニング」は、「基礎研修」（Step 1）→「基礎研修」で決めた行動目標を「職場で実践する」（Step 2）→その実践の程度を評価する「職場でのリーダーシップ・チェック」（Step 3）→「フォロー研修」（Step 4）から構成されている。そこで、時間の経過に沿って、「トレーニング」の具体的な内容を解説していくことにする。

　はじめに「基礎研修」のスケジュールを図4-1に示す。これはあくまで標準的なもので、対象組織や参加者の状況に対応するために様々なバリエーションがある。また、参加者は個々のトレーニングで違っている。したがって、トレーニングを企画し実践する者は、いつも新たな参加者と出会うことになる。そのため、スケジュールが同じであっても、相手が違うからトレーニングはいつも独自性をもったものになる。そこがトレーニングの特徴であり、企画者にとってこれが大きな魅力になっている。筆者にはトレーニングが生き物のように感じられる。それが、トレーニングを改善しつづけていくエネルギー源になっているわけだ。

　基礎研修は2日間のスケジュールだが、トレーニングを導入する組織の状況に応じて柔軟に対応する。したがって、すでに述べたように基礎研修を1日で終えるケースもある。また、基礎研修だけでフォロー研修を実施しないこともある。もちろん、時間が短縮されれば提供する情報量も少なくなる。しかし、「リーダーシップ・トレーニング」の目的は

```
           第1日目                  第2日目
 9:30
       ❈オリエンテーション        ❈情報提供（Ⅱ）
10:00      *人間理解の基礎            *リーダーシップの科学

       ❈情報提供（Ⅰ）
          *グループ・ダイナミックスと   *リーダーシップと職場の規範
11:00              集団理解
                                ❈Group Work（Ⅱ-1）
                                    *いま求められる行動の探求
12:00
                  昼   食  （ 休  憩 ）
13:00
       ❈Group Work（Ⅰ）         ❈Group Work（Ⅱ-2）
          *対人関係の基礎技術         *私たちに求められる
14:00                                      リーダシップを求めて

15:00


                                ❈Action Program
16:00                               *職場で実践する行動目標の設定
16:30
```

図 4-1　基礎研修のスケジュール

あくまで職場におけるリーダーシップを改善することである。「2日なければトレーニングはできない」といった発想はしない。筆者は「与えられた時間のなかで最大限の努力をする」ことが「トレーニング」の基本だと考えている。

　トレーニングの時間帯についてもバリエーションがあるが、9時30分〜16時30分のケースが多い。時間については組織や参加者の事情に応じて決定される。

→ オリエンテーション

　トレーニングはオリエンテーションからはじまる。トレーニングに期

待している参加者もいるが、組織の業務命令で仕方なく出席している者がいることもある。最初の動機づけは人によって様々だから、まずは参加者たちがトレーニングを積極的に受けようという気持ちになってもらう必要がある。したがって、冒頭から「必ず成果が上がる」といった断定的な話はしない。また、「厳しい内容ですから覚悟してください」などと言って脅かすこともない。オリエンテーションではとにかくリラックスしてもらうことを考える。そこで、トレーニングの目的やスケジュールなどを淡々と提示することからはじめる。

スケジュールに時間的な余裕があれば、トレーニング中のお願いや心構えについて話をする。ここでは、そのいくつかを取り上げておくことにしよう。これは、組織内で研修を企画し実施する際のヒントになるだろう。ただし、早く実質的なトレーニングに入りたいため、この部分は簡単に済ませるかカットすることが多い。

1) トレーニング中のお願い
①トレーニングで使用する道具を職場でそのまま使わない

筆者自身は特にこだわらないが、一般的には著作権の問題がある。職場で使用する際には、作成者の引用くらいはすべきだろう。また、それをヒントにして参加者たちが自分の環境に応じて工夫したオリジナルなものを創ってほしい。

②許諾なしで録音・録画などの記録をしない

個別の組織でトレーニングや講演を行う場合、参加できない者に情報を提供する目的で録画の許可を求められることがある。こうした要望には、研修で使用するといった制限をつけて了承する。これに対して、個人が記録する場合はその目的や機会があいまいになる。ご本人としてはいつものことで特に違和感はないのだろうが、ときおり目の前の机上にICレコーダーが置かれていたりする。こうした機器を使えば一言一句まで残るから、あとで整理するのに役立つということだろう。しかし、それがあると、自由な雰囲気で話を進めにくくなることがある。これは問題発言を恐れるからではない。実際に話をしていると、その場に対応

した具体的な事例を挙げたり、名前を引用したりする。それが聞く側の理解を促進し、話の説得力も増すのだが、記録されていると、ついそのあたりを抑えてしまったりする。もっとも、ICレコーダーなどポケットに入る長時間の録音機器が常識化しているから、この点は参加者側の気持ちに頼るしかない。

2）トレーニング中の心構え

①参加者はリラックスして緊張する

　特に職場の外で行われるトレーニングに参加する場合、いつもとは違った様々な試みをすることができる。何でも言える自由な雰囲気のなかで、自分自身のあり方を探ることがリーダーシップの改善を促進する。いわゆる「感受性訓練」では、トレーニングの場を「文化的孤島（cultural island）」と呼んでいる。現実の仕事や対人関係のしがらみから離れた孤島と見立てるわけだ。しかし、そこは何もなくて不自由な生活を強いられる島ではない。人と人との関係について理解を深め、実践力を身につけることができる文化的な孤島なのである。そうした環境を活かすためには、まずは参加者たちがリラックスすることが求められる。しかし、トレーニングの目的はあくまでリーダーシップの改善である。それは、参加者たちにとって大事な課題であり、トレーニングは「仕事」に直結した場でもある。したがって、リラックスするとともに真剣な気持ちでトレーニングに参加しなければならない。そんな意味を込めて、「リラックスして緊張する」という相反する気構えを求めるのである。

②トレーニングの主役は参加者であることを意識する

　プログラムの設計から必要な道具の作成まで、そのすべてを主催者が行う。しかし、トレーニングでリーダーシップを改善するのは参加者たちである。その意味で、「自分たちが主体的に参加し行動を変える」という明確な意識と意気込みがなければトレーニングは成功しない。そこで、プログラムは受け身を強いる講義ではなく、参加者たちが主体的にかかわるグループワークを導入する。特に、午後2時前後に襲ってくる睡魔を克服するためにもグループワークは大いに効果的だ。そして、そ

の主役は、まさに参加者たちなのである。

③時間管理を学ぶ

　講義を進めるときは講師側のペースで時間が管理できる。しかし、様々なシートの記入や自己分析、さらにはディスカッションの際は、時間調整がむずかしくなる。その結果、個人差やグループによる違いが出てくる。こうした事実もトレーニングの題材として活用できる。個人差が大きいことが仕事の仕方を考えるヒントになるのである。早めに課題を終えたメンバーが手持ちぶさたの表情を見せることがある。そうした状況を予測して、グループワークや個人作業をはじめる前に、「自分が作業を早く終えたのはなぜか。それはまとめる力があるからか、それとも仕事が雑なためか。ここでしっかり自分を振り返ってみましょう」といった呼びかけをしておく。また「時間調整」のために、すでに課題を終えた参加者に、関連した論文や読み物を配付することもある。

　このほかにも、④グループでの情報交換をとおして自分が他者に与えている影響を認識する力や、⑤他者から影響を受けている自分を冷静に分析する力を身につける、ことにも心を配るよう働きかけていく。

→ 人間理解の基礎

　オリエンテーションには「人間理解の基礎」が含まれている（図4-1）。ここでは参加者がリラックスできるような軽い話をする。ただし、その内容は対人関係を意識した「コミュニケーションのインフラづくり」といった話をする。その詳細は、すでに実況中継風の話しことばで書いている（p.27）。これに対人関係やリーダーシップに関連した話を追加する。さらに、リスクマネジメントをテーマにしたトレーニングでは、「対人関係と危機管理」といったタイトルの情報を提供する。ただし、あくまでオリエンテーションの時間であるため、いずれも導入的なレベルのものである。

図4-2　筆者のホームページ

　この時間の話題の材料は、筆者のホームページから引用することが多い。図4-2はその表紙だが、URLは"http://www.educ.kumamoto-u.ac.jp/~yoshida/"である。これを、「YahooやGoogleを使って『吉田道雄』で検索すれば、いまのところトップに出ます」と言いながら紹介する。筆者の自慢話だとわかって、参加者たちから笑い声が聞こえる。こうした雰囲気でオリエンテーションを進めると、参加者たちの緊張感も一気にほぐれてくる。

　ホームページのメニューのなかに「味な話の素」がある。これは筆者が毎日更新しているコラムだが、リーダーシップを含む対人関係や集団、さらにはリスクマネジメントにかかわる話題を取り上げている。そのすべてが仕事に役立つとは言えないが、リーダーシップの改善や職場の安全を確保するためのヒントとして活用していただきたい。

　こうして、時間をみながら「味な話の素」から2〜3の話題について話して、オリエンテーションに区切りをつける。

2. 情報提供（Ⅰ）

→ グループ・ダイナミックスと集団理解

　この時間からトレーニングの本体に入る。はじめに「トレーニング」の理論的な基礎になる「グループ・ダイナミックス」について紹介する。リーダーシップや対人関係は「人と集団とのかかわり」のなかで生まれるものであり、グループ・ダイナミックスの研究成果が活用できるのである。そこで、リーダーシップと関連のあるトピックスを中心に、1時間30分〜2時間程度の情報提供を行う。その内容は参加者の状況に合わせるが、提供することができる情報はきわめて多く、時間の制約を考えるとその選択に迷うほどである。ここでは、そうした選択肢のいくつかを取り上げておこう。

□ 人間理解に求められる2つの目

　われわれは基本的には2つの目をもっている。それぞれの網膜に写る像にはズレがあり、これを両眼視差と呼んでいる。このズレがあるために、われわれは奥行があることを知覚できる。外界が立体的に見えるのである。これを利用したのがいわゆる3Dの映画やテレビである。いずれも右目と左目に少しばかりズレた画像を見せて立体感を創り出している。そこで簡単な実験をしよう。ここで目の前にある物を見たまま片方の目を手で覆っていただきたい。すると、驚くようなことが起こるではないか。今まで立体に見えていた物があっという間に平面になってしまう…。

　対象物が本当に平面に見えただろうか。実験などと言って、つまらないことをさせるなと怒られるかもしれない。一方の目を覆っても目の前

のものには何の変化も見られなかったはずである。しかし、それは「2つの目で見るから奥行が知覚できる」という視覚の原理に反している。1つの目で見れば世界が平面に見えるはずなのに、実際にはそうなっていない。目の前に広がった世界は相変わらず立体のままである。どうしてこんなことが起こるのだろうか。

　その理由ははっきりしている。われわれは目で物を見てはいないからである。もちろん、外界を見るために網膜があり、光の情報を受け止めている。しかし、それだけなのである。網膜に映った情報は視神経を走って大脳の後方にある視覚野に運ばれ、そこでものを認知し判断する。したがって、本当に物を見ているのは大脳なのだ。網膜から入ってきた情報を処理することで、われわれは物を見ているのである。大脳は片方の目を覆っても世界が変わらないことを知っている。それは生まれてからずっと経験してきた事実である。そこで大脳は周りの世界は変わっていないと判断する。

　大脳を「こころ」と言い換えることもできる。われわれは「こころ」で世界を見ているのである。したがって、こころ次第では物の見え方も違ってくる。自分を振り返ってみると「見たいもの」だけを見ていることも多いはずだ。それとは反対に「見たくない」から見えてしまうこともある。そう考えると「この目で見たのだから間違いない」という主張もあやしくなってくる。そんなわけで、同じ物でも人によって「見え方」が違っていて当然なのである。自分に見えているとおりに他の人にも見えているかどうかはわからない。お互いがそんな気持ちで関係をつくっていけば、誤解や行き違いを避けることもできるだろう。

　こうした事情はあらゆる感覚に共通している。たとえば聴覚にしても、われわれは「聞きたいもの」だけを聞いていることが多い。その一方で、バスや電車のなかで他人が携帯電話を使っていると耳障りで仕方がない。それが小さな声であっても、「うるさい」と思うと一言一句まで聞こえてくる。このように、知覚はその時々の感情に影響されているわけで、身の回りの世界を正確にとらえているとは限らない。そこで同じことで

も人によって認識が違うから、それで争いが起きたりする。人間を正しく理解するためにはこうした事実を念頭に置いておく必要がある。

　このように、われわれの知覚はけっこう頼りないのである。しかし、とにかく2つの目によって周りの世界を立体的に見ていることは事実である。「ものごとは複眼の視点で見なければならない」と言われる。これは人間を理解する場合にも適用できる。人間を「立体的に理解する」ためには2つの視点が必要なのだ。それが、「日常の目」と「科学の目」である。

　「日常の目」は人の行動や態度を主観的で経験的な立場から判断する。それは感情を伴っていることが多い。人が「えっ」と思うような行動をしたとき、「何とひどいことをするんだろう（主観的・感情的）。自分はあんなことはしたこともないし（経験的）、これからも決してしない。まったく信じられない人だ（主観的・感情的）」と非難する。しかし、自分たちの行動を「日常の目」で見ているだけでは人間の理解はむずかしい。それは主観的で経験的、情緒的になりがちだからである。もちろん「日常の目」があるからこそ、自然の美しさに感動し、音楽に心を動かす。また、他人の悲しみや苦しみを共有することができるのである。

　たしかに、「日常の目」は重要ではあるが、われわれにはものごとを事実に基づいて冷静に見る目も必要だ。それは「科学の目」と呼ぶべきものである。「科学の目」には、自分に都合の悪いことも見えてくる。しかし、われわれはそれを受容する力をもちたいものだ。そうすれば、それまで気づかなかった自分の考え方や行動の特徴が明らかになる。他人に与えている影響も見えてくる。望ましい対人関係を築くには行動の改善が必要だが、そこで「気づき」が重要な役割を果たすことになる。

　「日常の目」「科学の目」の両者が相まって対人関係の世界を立体的に見ることができるのだ。

□ 集団の圧力と同調

　集団は個人に大きな影響を及ぼす。集団でものごとを決める際に、1

人だけがメンバーと意見が違う場合、どんなことが起きるか。グループ・ダイナミックスの研究によれば、かなりの人が自分の考えとは異なる多数意見に同調することが明らかにされている。内心では「おかしい」と思っていても、それが言えない。あるいは思い切って言ってみても、多数から否定されてしまう。現実に、そんな状況で事故やトラブルが起きている。それが組織の存続を危うくすることさえある。こうした事態を避けるためには「何でも言える集団づくり」が必要だが、それにはリーダーが重要な役割を果たすのである。

　ところで、多数者のなかから1人でも自分と同じ意見の者が出てくるとどうなるか。その結果、多数者に同調する傾向が格段に減少することを実証した研究もある。「人間は1人でも自分を支持・理解してくれる人がいれば強くなれる」のである。リーダーは、職場のなかでそうした「1人」になることも期待されているのである。

□ 集団と手抜き

　集団で仕事をしていると、ときおり手抜きの悪魔が襲ってくる。「自分だけ力を抜いても大した差はないだろう」「決まりどおりにしなくてもいいんじゃない…」。そんな誘惑をする悪魔だ。しかし、しなければならないことを放っておけば、とんでもない事故を引き起こしてしまう。グループ・ダイナミックスには「集団になると人は手抜きをする」ことを明らかにした研究もある。その結果から、メンバーたちが手抜きをしないためのヒントが得られる。それは一人ひとりの仕事ぶりを「評価する」あるいは「認める」ことの重要性である。人は自分の努力や貢献が「正しく評価」されれば手抜きをしないのだ。職場のリーダーは一人ひとりの「公正な評価者」になることで、部下の力を引き出せるのである。ここで「評価」を「ほめる」に置き換えてもいい。リーダーには部下たちの仕事ぶりをしっかり観察し、その努力や成果をタイミングよくほめることが求められているのだ。そのときも、「みんな頑張ってくれましたね」と全体をほめるのではなく、個々人の努力をていねいに評価して

いくことが必要なのである。

□ まとまりのいい集団の落とし穴

さらに、有能な人材が集まって一致団結している集団が、とんでもない判断をしてしまうことがある。これは「グループシンク（group think）」と呼ばれる現象で、筆者は「集団止考」と訳している。その研究によれば、まとまりのある集団が抱える危険性が指摘されている。

その第一は、集団の力と道徳性を過大に評価することである。メンバーがまとまっているほど自己中心的な判断が多くなりがちだ。自分たちが失敗するわけがないといった思い上がりが批判されることもなくメンバーたちで共有化される。そして、自分たちこそが正義だという価値観が集団を支配する。こうなると問題があっても客観的な分析ができず、誤りを修正するチャンスを失ってしまう。

第二に、集団全体が閉鎖的になって、外からの情報を受け止めなくなる。自分たちに不利な情報は「大した意味がない」と言って無視してしまう。あるいは、都合のいいように合理化してその場を取り繕う。そもそも、自分たちのものの見方がゆがんでいるという意識すらない。こうした状況が組織のなかで事故や不祥事を引き起こすのである。

そして第三に、「みんなが同じでなければならない」という斉一性への圧力が生まれる。「自分だけが違った考えや意見をもっていては集団のまとまりが失われる。だから言いたいことも言わないでおこう」。集団から圧力がかかる前に、自分から行動を抑えてしまうのである。その結果、コミュニケーションもとりにくくなって、「自分以外はみんな同じ意見に違いない」と思い込んでしまう。さらにそれが高じて、同調しない者に対して攻撃したり、排除する動きが出てくる。こうして気づかないうちに、組織全体が「集団止考」の危機に瀕するのである。自分の集団をこのような状態に追い込まないために、組織で責任を担う者のリーダーシップが重要な役割を果たすのである。

この時点では、トレーニングがスタートして2時間ほどしか経過していない。したがって、「情報提供」と呼んではいるが、いずれの題材もウォーミングアップ的なものに留めておくことが多い。もちろん、その内容はリーダーシップや対人関係にかかわるものである。
　ところで、上に挙げた話題はそれぞれが10～20分程度でまとめることができる。これに対してもう少し本格的なものとして、「心の筋肉運動のすすめ」とそれに関連づけた「飛行機からのアドバイス」と呼んでいる話題がある。この2つを合わせると30～40分を要するが、それなりの効果が期待できる。少し長くなるが、これを紹介しておこう。その場の雰囲気を感じていただくために、これまでどおり「話しことば」を使う。

〝 心の筋肉運動のすすめ

　まずは図4-3をご覧ください。お米がニコニコ笑っていますね。皆さん、このお米みたいに「朝から笑顔で元気に毎日を送りたい」と思われるでしょう。私たちは誰もが健康な毎日を願っています。
　そのお隣はベッドで寝ているカットがあります。看護師さんから

図4-3　心の筋肉運動のすすめ

聞いた話ですが、アスリートだけでなく私たちのような普通の人間でも、病気やケガで1週間くらい寝たきりになると筋肉が目に見えて衰えるのだそうです。運動をしていないようでも、毎日の生活のなかで筋肉を使っているわけです。病気であればじっと寝ていて回復を待つしかありませんが、健康を維持するには日頃から運動を心がけることが大事なんですね。そして、「そこそこ健康だから、今のままでいい」というのなら、わざわざ運動をはじめることはないでしょう。ただし、少なくともいまと同じくらいは運動しないといけません。そうでないと、すでに身についている筋肉すら落ちてしまうからです。

　次はウォーキングのイラストです。健康づくりにお医者さんおすすめの定番がウォーキングです。通勤時はバス停の1つや2つは歩くといったことが大事なことは誰もが認めることですね。さらに、階段を昇っているシーンが続きます。元気に仕事をするためにはいつもエレベーターやエスカレーターに乗らないで、1階か2階分は階段を使いたいものですね。そして、最後はジョギングです。これはやや強い運動になるので、事前にお医者さんに相談したほうがいいらしいのですが、ともあれ走るのが好きな人はジョギングもけっこうですね。

　健康を維持するだけでなく、老後に備えていまのうちに健康な体をつくっておこうという前向きの人だっていらっしゃるでしょう。そんな方は本腰を入れて「トレーニング」をすることが必要になります。たとえば、まずはウォーキングからはじめる。そのうち、ジョギングやランニングだってしたくなるかもしれません。あるいはプールに出かけて泳ぐといったメニューも頭に浮かびます。どれをとっても健康増進という点では共通していますが、どんな運動をするかは個々人で違っていて当然なんです。そこで大事なのは、自分の目的に応じた運動をコツコツと続けることです。とにもかくにもエクササイズが大事なんですね。

さて皆さん、私のこの話を「そんなことはない」と否定されますか。それとも「そりゃあそうだ」と同意されますか。

　ここまでが「心の筋肉運動のすすめ」の前半である。この問いかけに対して、全員が同意する。その反応を見たあとで、「困ったなあ」という表情で話を続ける。

　多くの方が「健康のために運動が必要だ」ということに賛成されるのを見て、私は理解できなくなってしまうんです。皆さん、それでは「リーダーシップや対人関係、それにコミュニケーションを改善する努力をしていますか」と聞かれたらどうお答えになりますか。「私ってリーダーシップなんかとれないのよ」「もともとリーダーに向いていないんで努力したって無理なのよ」。こんなことを言って、はじめからあきらめたり、逃げてしまう方はいらっしゃいませんか。私に言わせれば、「リーダーシップや対人関係」の力も「体の健康」と変わらないんです。そもそも生まれたときから自転車に乗れる人はいません。水泳だって練習するからうまくなるんです。そして、あるときにコツをつかむんですね。そうなると、さらに腕は上がっていくわけです。何もしないで「できない、できない」と言っていたのでは、それこそできないままで終わってしまいます。それに、「リーダーシップ力」も筋肉と同じですから、日頃から運動していないと衰えてしまいます。まずは「リーダーシップを改善・向上させよう」と心に決めましょう。そしてエクササイズをはじめることです。その内容は、人によって違ってきます。それは「仕事に関する知識や技術を上手に教える」ことであったり、「きちんと部下をほめる」ことであったりと様々です。いずれにしても、自分に期待されている行動が発揮できるように運動を続けていくことが大事なのです。

　自分でメニューを決めて地道に運動を続けていけば、体の筋肉も

付いてきます。努力の成果が目に見えてくるのです。周りの人たちも「この頃たくましくなったね」と気づいてくれるでしょう。リーダーシップの「筋肉運動」も同じことです。「部下とコミュニケーションをうまくとれるようになりましたね」「あなたの話を聞いているとやる気が出てきますよ」。職場の部下やメンバーたちからこんな声をかけられるようになれば、運動の成果が見えはじめたのです。そうなれば、「やったあ」と叫びたくなりますね。それがリーダーシップの「筋肉トレーニング」を実践した成果なのです。

　もう一つエクササイズで大事なことがあります。私が「自分はイチロー選手と共通点が多い」と言えば皆さんお笑いになるでしょう。しかし、体の構成物で見ればイチローも私も心臓は1つです。彼は足が速いかもしれませんが、私にだって大腿筋はあります。またイチローはライトからサードまでレーザービームのボールを投げますが、私にも物を投げる筋肉はあるのです。しかし、私は「自分はイチローと同じ筋肉をもっているのだけれど、どんなにエクササイズしてもイチローには追いつかない。だから運動は一切しないんだ」などと言うでしょうか。もちろんそんなことを言うわけがありません。イチローは私が比較する対象ではないのです。私がエクササイズするのは自分の健康のためです。それと同じように、マスコミなどが賞賛するスーパーリーダーになれないからリーダーシップのエクササイズをしないなんて話にはなりません。その基準はいまの自分自身なんです。そこで少しでも力を付けるために、リーダーシップのエクササイズをしようではありませんか。

　ところで、「筋肉トレーニング」は継続しないと意味がありません。せっかく身についた筋肉も運動を止めればあっという間に衰えます。リーダーシップ力を身につける試みにも終わりはありません。それは「生涯学習」なのです。はじめから「私はリーダーに向いていない」とか「対人関係は苦手だ」などと言って逃げずにトレーニングを続けていきましょう。

「心の筋肉運動」に関連した「飛行機からのアドバイス」という題材がある。時間に余裕があればこの話を続ける。この時点でカットしたときは、「フォロー研修」における情報提供で使うことが多いが、ここでその流れを紹介しておこう。

> ### 飛行機からのアドバイス（図4-4）
>
> 　飛行機は駐機場にいる限り空を飛ばないことは誰でも知っています。それではどうしたら飛び上がれるのでしょうか。そうです、滑走路をしっかり走ってグーンと空に飛び上がっていくんですね。このときは空気の圧力もすごいのでしょうが、それに立ち向かうことで揚力が得られるわけです。飛行機が教えてくれています。「じっと止まっていても空には飛び上がれませんよ」と。私たちがきちんと仕事をしたり、夢を実現するためにも同じことが求められます。しっかり走らないと、つまりはアクションをとらないと目標は達成できませんし、職場の人間関係やリーダーシップだってよくなりま

・しっかり走って空を目指す
　走らなきゃあ飛べません
・しっかり走って夢を実現
　目標を達成、自己を実現…
　動かなきゃあ変わりません

・揚力
・誇り／自信／意欲

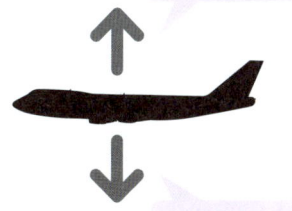

・重力
・責任／不安／弱音

図4-4　飛行機からのアドバイス

せん。私たちが住んでいる世界は真空地帯ではありません。そこにはいろんな空気があり、その濃度や温度にも違いがあります。

　しかしそうした空気の抵抗に向かって走っていかなければ何も変わらない。しっかり走ることで現状からジャンプできるのです。そして飛行機は離陸するときは向かい風を利用します。そのほうが短い距離で空に飛び上がることができるからです。それと同じで、私たちの場合も周りの抵抗が大きければそれだけ大きな変化を期待できると考えたいですね。

　これは、私が沖縄に行ったときの体験ですが、仕事が終わって帰る日に台風が襲ってきたんです。空港に着いたときは出発できるかどうかという瀬戸際でした。どうなることやらと思いながら外を見ると、ボーディングブリッジに繋がれた飛行機は強風のなかで機体を揺らせていました。じっとしているときの飛行機は風に翻弄されるままなのです。たしかに、台風が来てしまえば、それが通過するまで待つしかありません。

　私たちも社会の嵐に襲われて、じっと耐えないといけないこともあります。そこで無理をすれば飛行機と同じで自分が壊れてしまうでしょう。しかし、そうだからこそ先を予測して台風が来る前にアクションを起こすことも必要なのです。もちろん、正確な予測はむずかしいのですが、いつも自分たちが置かれた状況を観察していれば、タイミングをつかんで行動することができます。私たちも飛行機と同じようにしっかりアクションをとりましょう。

　さて、空に飛び立った飛行機は水平飛行に移ります。電子機器も使えるようになり、機内サービスもはじまります。このとき飛行機が安定してまっすぐに飛んでいるとき２つの力が働いています（図4-4）。それは「重力」と「揚力」です。この２つが均衡しているからまっすぐに飛べるわけです。このとき「重力」が強すぎれば飛行機は落ちてしまいます。その反対に「揚力」が一方的に強ければ上昇しっぱなしになって、そのうち失速してしまいます。

飛行機からのアドバイスが聞こえてきます。「バランスが大事なんですよ、バランスが…」。そうなんですね。人間にとって「重力」は「責任の重さ」や「不安」「ストレス」などになるでしょう。それが大きくなると、弱音を吐いたり、最悪の場合には仕事ができなくなったりします。これに対して「揚力」と言えば、その代表は「仕事に対する誇り」でしょう。それに「自信」や「意欲」も間違いなく「揚力」になるはずです。

　もちろん、「責任」ばかりが重いと、私たちも飛行機と同じように墜落してしまいます。それを克服できるのが「仕事に対する誇り」だと思います。ここで大事なのは、飛行機が飛び続けるためには「重力」が欠かせないということです。そもそも、空気の抵抗や重力がなければ、飛行機は空に飛び上がることができないのです。私たちの場合も仕事を遂行するうえで「責任」はなくてはならないものです。ただし、それに匹敵する「誇り」が必要なんですね。こうして、自信をもって仕事をするために「誇り」は大事なのですが、それが「驕り」になってしまうといけません。そのまま舞い上がって自分では気持ちよくなったと思っているうちに、あっという間に限界点を超えて失速することになります。つまりは人からの信頼を失って墜落するのです。

　それにしても、世の中を見渡すと、「責任」は重いが「誇り」がもてないと嘆く人が圧倒的に多いような感じがします。

　こうした話題のなかから時間やその場の状況に応じたものを選択しながら情報提供としてまとめ、第1日目の午前中が終わる。

3. グループワーク（Ⅰ）

→ グループの編成

　「リーダーシップ・トレーニング」第1日目の午後から、リーダーシップの基礎である「対人関係力アップ」を目的にしたグループワークに入る（図4-1参照）。そのためにグループをつくることになる。メンバー数に客観的な基準はないが、これまでの経験から6名を基本にしている。それができない場合は7名ではなく5名を優先する。理由はグループ活動に要する時間を考えるからだ。たとえば1人当たり5分間の情報交換をすれば6人で30分が必要になる。そうなるとメンバー各人は平均的に25分間、他人の情報を受ける側に回る。また待ち時間の長さだけでなく、他のメンバーの意見や考えをしっかり聞いて理解するためにも6人程度が望ましいというのが筆者の体感である。さらに、その場の緊張感を維持するにもこの程度が限度だろう。そして、グループ数も最低3つはつくりたい。その理由も単純で、2グループでは隣の声が聞こえて気が散るからである。これが4グループだと新たに「騒音効果」が加わる。他のグループが発する音量がアップするから、それに対応するように全体がにぎやかさを増していく。これがある種のエネルギーになってトレーニングの場が活性化するのである。さらに細かいことを言えば、部屋の広さや構造までもグループワークの効果に影響を及ぼす。あまり広すぎると全体の声が拡散して迫力がなくなる。その反対に狭すぎると窮屈感があり、やはり隣のグループから声が漏れてくることになる。こうした基本的な要因まで考えるのは、それ自身で楽しいものである。もちろん、細かいことを言ってばかりでは何もできないから、結果としてはどんな条件でも実施することになる。「それならできない」などと言

わず、「それでもやってみよう」。これが筆者の基本的な姿勢である。与えられた条件が厳しければ、それに応じて得られる成果は少なくなる。ただそれだけのことである。

そこで、まずは6人グループを前提にして参加者の人数を6で割る。ちょうど割り切れないときは一部を5人グループにする。たとえば33人であれば、33÷6＝5.5だから、切り上げて6グループの構成になる。この場合は、6人と5人のグループが、それぞれ3つずつできあがる。

また、複数の組織から参加者が集まる場合には、できるだけ「異質」なグループをつくる。そのため、原則として同じ職場の参加者がいれば、違うグループに入ってもらう。そのほか、性別や年齢などもグループ活動に影響を与える可能性がある。そこで、そうした属性も考慮しながらグループを編成していく。

グループ分けは単純である。参加者が着席している順に、「1、2、3、…」と人数から割り出したグループ数を繰り返しながら指定していく。それがそのまま所属するグループ番号になる。一般的な傾向として、会場にやってきたときには、知っている者が隣や周りの席に着く。初めてきた場所の椅子に座るときなどに見られるごく自然な行動である。そこで、前方の座席から座っている順にグループ番号を振っていけば、結果として身近な者が別のグループに分かれることになる。

➡ リーダーシップ力アップのグループワーク

1）自分を知らせる、他人を知る、そして自分を知る

新しいグループができると、「まずは『自己紹介』」というのが定番である。そこで、「自己紹介をはじめてください」と言って、進行を参加者たちに委ねるとどうなるか。自分のことをしっかり話す者、一言か二言で終わる者と様々だが、早くもメンバー間に格差が生まれる。そうなってはリーダーシップ力やコミュニケーション力を身につけるトレーニングにはならない。そこで、単なる自己紹介ではなく、リーダーシッ

プを含めた対人関係スキルの向上を目的にした「自分を知らせる、他人を知る、そして自分を知る」と名付けたグループワークを導入する。

　グループワークの準備として、参加者たちに『『わたし』を知らせる」シートを配布する（図4-5）。これを使って自分がメンバーに提示する情報をあらかじめ整理しておくのである。このシートには3つの枠が準備されているが、そこで取り上げるテーマに条件はない。ただし、グループができあがって初めての会合であるから、立ち入った内容にならないようにする。よく使うものとして、「私の名前は…」「私が子どもの頃は…」「私の職場は…」などがある。このほか、参加者の属性や置かれた状況によって様々なテーマが考えられる。たとえば、看護学校の学

図4-5　「"わたし"を知らせる」シート

生などの場合、病院実習前後であれば、「実習に出かけるいまの気持ち」「実習を終えたいまの気持ち」「実習中にうれしかった（悲しかった）こと」といったものにすると多くの情報が書き込まれる。また、組織の安全や事故防止に焦点を当てたトレーニングでは、「私のヒヤリハット体験」「事故防止のために実践していること」などが考えられる。

　テーマを提示するタイミングに関しては、これまでいろいろな試みをしてきた。最終的には、シートを配ってから3つのテーマを提示し、その内容を書き込む方式に落ち着いた。シートには「それぞれの項目について1分で知らせるメモをつくりましょう」という説明を付けている。テーマは参加者たちが書き上げるペースに合わせて1つずつ提示していく。はじめに全部を伝えると個人差が出て全員が書き終えるまでの時間差が大きくなってしまう。一定の時間を置いて1つずつ提示すれば、グループ全体のペースを合わせることができる。こうした手順はトレーニングに必須というわけではない。しかし、現実には早く書き終えた者が退屈な様子を見せたりして、それがその場の緊張感を損なうこともある。トレーニングを実施する際は、こうした些細な点にも気を配り、少しでも効果を上げようとする気持ちが大事なのである。

2）　対人関係スキル向上のポイント

　これでグループワークに入る準備が整った。そこで、まずはスムーズなコミュニケーションに求められる3つの条件を提示する。

①聞こえる声で、聞いてもらえる声で

　自分を知ってもらうためには「相手に聞こえる声で」、あるいは「聞いてもらえる声で」情報を伝えなければならない。そこで、しっかり聞こえるように大きな声を出す必要がある。しかし、「聞いてもらうため」には、むしろ抑えた声で「大切なこと」を淡々と話す方法もある。おしゃべりで騒々しいときは、意識的に低い声で発言すると、誰かが「しーっ」と全体に呼びかける。そんな経験をすることがある。いつも「どうやったら聞いてもらえるか」を考えながらコミュニケーションを行うことが大事なのである。

②顔と目で笑う

　スムーズなコミュニケーションには「笑顔」が欠かせない。もちろん、状況によっては笑いが適切でないこともある。しかし、一般的には笑顔が人と人とのコミュニケーションを促進する。特に目が果たす役割は大きい。笑顔をつくってはいるが、目は笑っていない。それでは相手も信頼してくれないだろう。まさに、「目は心の鏡」なのである。本気で相手を受け入れる気持ちがあれば、目は自然に笑ってくるものだ。ところで、表情の研究によると眉毛を動かすと目が笑っているように見える効果があるという。こんな話題も挿入すると、研修の場がなごやかになる。

③大きなジェスチャー

　ジェスチャーによってコミュニケーションが生き生きしてくる。ここで「大きな」という修飾語を付けることもないが、トレーニングの場ではこうした表現を用いると参加者たちに強い印象を与える。ともあれ、笑顔もジェスチャーも非言語的な道具であるが、人と人とのコミュニケーションには欠かせないものだ。

　時間的に余裕があれば、この3つの条件を参加者たちが当てるゲーム的な試みを導入することもできる。参加者からランダムに3人を指名して彼らだけに3つの条件を伝える。そして、1人が1つの条件をメンバーの前で実演する。テーマは自分の名前や趣味など、5〜10秒程度のものでいい。そして、それを「強調するもの」と「無視するもの」の2つのバージョンにして演じるのである。たとえば、「聞こえる声で、聞いてもらえる声で」を引き受けた参加者は、はじめにそれを「強調」して大きな声でメッセージを伝える。そのすぐあとに、「無視」バージョンということで、いかにもわざとらしく小さな声で呼びかけるのである。この2回の実演を受けて、メンバーたちがその条件の内容を当てるのである。これまでの経験では、多くの場合3つとも正解が得られる。これも必須のものではないが、こうした小さな試みを導入することで、トレーニングの場が盛り上がる。

3）グループワークの約束事

　グループワークを進める際に求められる条件を挙げたが、さらに3つのコメントを付け加える。その1つは時間を守ることである。すでに見たように、このグループワークは単なる自己紹介ではなく、リーダーシップとコミュニケーション力を向上させる実習として位置づけられている。したがって、自分の情報を、与えられた1分という制限時間のもとで簡潔に伝えなければならないのである。そこで、各人が発言する際には、他のメンバーがタイムキーパーとして時間を計ることにする。そして、1分が経過したら、「時間ですよ」と知らせる。もちろん、その逆に1分に達しないで終わってしまう可能性もある。それに対しては、とにかく1分間は続けることを強調する。「まだ時間が残っていたら、ゆっくり話してください」。そんな冗談混じりの助言も加えながら、時間厳守を求める。

　もう1つのコメントは、最初に提示した3つの条件、①聞こえる声で、聞いてもらえる声で、②顔と目で笑う、③大きなジェスチャー、にかかわるものである。この時点では、ほとんどのメンバーが「これは自分が情報を発信するときに守るべきものだ」と思っている。しかし、それは条件の半分を満たしているに過ぎない。自分が話すときだけでなく、他のメンバーの話を聞く場合にもこれらを実践するのである。「そんなわけで、スタートすると会場全体が騒然となるんです」。こんな軽口も叩きながらグループワークがスタートする。

　そして3つ目のポイントは、各人が最初のテーマについて順番に情報を提供し、それから次のテーマに進んで最終的には3回りすることである。1人が3つの情報を提供してから次のメンバーに移る方法では待ち時間が長くなり緊張感が失われる。こうしてそれぞれのメンバーが3つのテーマで3分を使うことになるから、6人であれば18分が必要になる。そこで、若干のロスタイムも含めて20～25分程度を設定する。時間内に全員が終わらないこともあるが、決められた時間になればただちに終了する。そのときは、時間をうまく調整することもリーダーシップの大

事な要素だと強調する。
4) イメージの鏡
　すべてのメンバーが3つのテーマについて情報を提供した時点で、「自分を知らせる、他人を知る」という目標は達成されたことになる。もちろん、3分程度の時間だから、十分な情報交換ができたわけではない。しかし、これはあくまでウォーミングアップである。メンバーがお互いに「自分を知らせ、他人のことも少しは知ることができた」という気持ちになることが大事なのだ。ただし、最も重要な「自分を知る」という目標は、まだ達成されていない。そもそも、われわれは厳密な意味で「自分を見る」ことはできない。それは顔のなかに目が固定されている人間の宿命である。その弱点をカバーするのが鏡だ。そして、対人関係においても自分を知るためには鏡が必要になる。そこで、トレーニングでは「イメージカード」と名付けたタックシールを使う。各人が「自分という鏡」に映ったメンバーの「印象／イメージ」を1枚のシールに書いていく。そのため、6人グループであれば自分を除いた5枚のシールが配られる。これを「自分を知る」ための鏡と考えるわけだ。最初は小さな笑い声も聞こえるが、メンバーたちは間もなく書くことに集中しはじめる。ここでも各人が書き上げる時間には個人差が出るが、5〜10分のうちに全員が書き終える。
5) イメージシールの交換
　すべての「鏡」が揃ったら、お互いにカードを交換する。全員が同時に手渡すこともできるが、ここでは交換の仕方を提案する。はじめに1人のメンバーを決めて、そのメンバーに対して書いたシールをみんなが渡す。ただし、一斉にではなくメンバー一人ひとりが、自分の書いた内容を全員に聞こえるように読みながら渡すのである。これを説明する際に使うスライドが図4-6である。この交換方法を伝えると、「えーっ」と当惑した声が挙がる。しかし、これはコミュニケーション・スキルを改善するためのグループワークである。お互いが「自分を知る」ことは重要な目標なのだ。一人ひとりが他のメンバーからどのようなイメージ

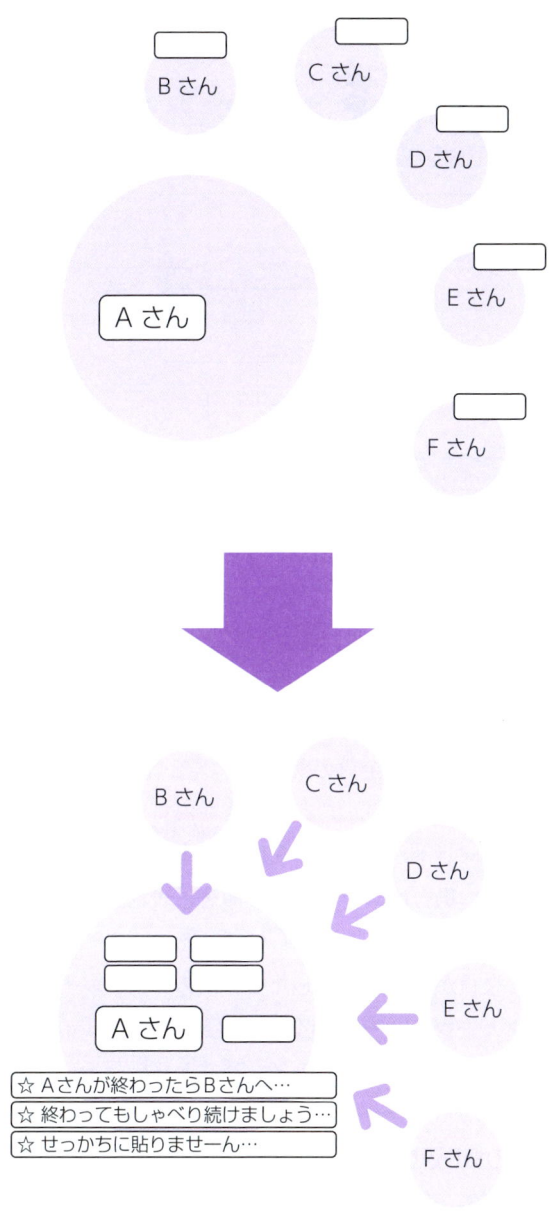

図4-6　イメージシールの交換

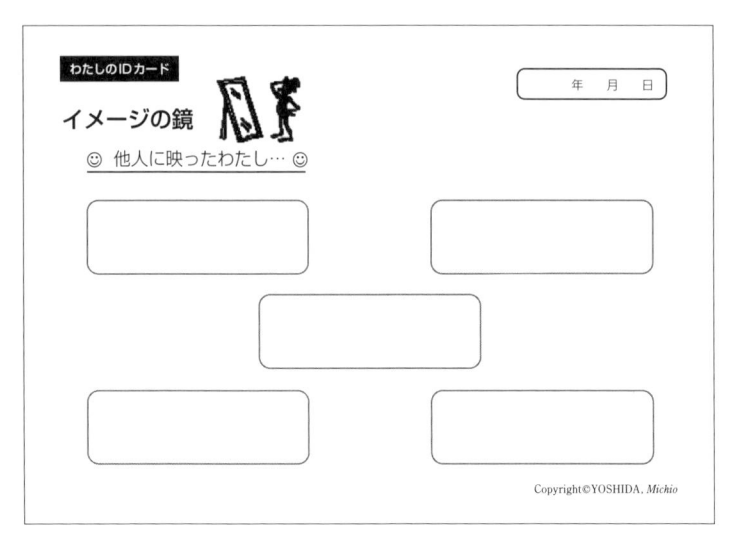

図4-7 "イメージの鏡"の台紙

をもたれているかを知ることは、リーダーシップの改善にも大いに役立つはずである。実際にカードを交換すると、同じ人物が多様に評価されることがわかる。そして、その一つひとつが、「なるほどそうだなあ」と納得できるのである。全員の前でカードを読んでいくことによって、人を様々な側面から見ていくことの重要性に気づくというわけだ。もちろん、全員から同じような評価を受ける者もいる。特に目立った特徴をもっている人物の場合は、その傾向が顕著に表れる。それはそれで、本人としては他者から同じように見られていることを知るのである。最初のメンバーに全員がカードを渡したら、次のターゲットを決めていく。

すべてのグループでカードの交換が終わったら、「イメージの鏡」と名付けた台紙を配る。それに他のメンバーから受け取ったカードを貼りつける（図4-7）。

6）イメージの振り返り

「イメージの鏡」の台紙に貼ったばかりの「イメージカード」を見ながら、自分自身について考える時間である。そのために「イメージのふ

りかえり」シートが準備されている（図4-8）。

　これは、2つのステップに分かれており、Step 1 では、「イメージカード」に書かれた内容を分析する。はじめに自分が「あたっている」「そうだろうな」と感じるものを選び、それについて自分の思いを書き込む。次に「はずれている」「そうじゃないのに」と思うことにも焦点を当てる。さらに、下段の Step 2 で、日頃の自分を振り返る。これについても、「わたしのイメージがプラスに働いていること、得をしていると思うこと」と「わたしのイメージがマイナスに働いていること、損をしていると思うこと」を取り上げる。

　ここでは、Step 1 に重点が置かれる。そのなかでも、「はずれている」

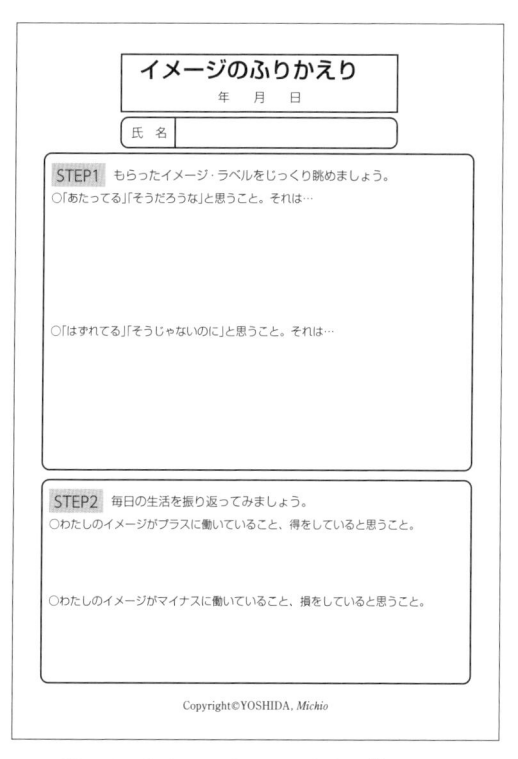

図4-8　"イメージのふりかえり"シート

「そうじゃないのに」と思うほうに焦点を当てる。自分と他人との間にある認識のズレが、相互理解にとって大きな障害になるからである。シートは2つのステップから構成されているが、Step 2は時間調整に使うことが多い。自由記述ではメンバー間で書き上げるまでの時間に差が出てくる。そこで、Step 1をまとめたメンバーの緊張感を持続するためもあって、Step 2を設けているのである。したがって、時間に余裕がないときは全員がStep 1を書き終えた時点でタイムアップを宣言する。このように、トレーニングでは時間の流れなどを勘案しながら内容を調整することが多い。そうした臨機応変の対応が、トレーニング全体を生き生きしたものにする。

7）情報交換

「イメージのふりかえり」シートへの記入が終わってから、メンバー同士で情報を交換する。時間は1人当たり5分程度になるが、「あたっている」ものより、「はずれている」ほうにウエイトを置いて話を進めるよう促す。「あたっていない」内容については、それを書いたメンバーが理由を説明する。さらに、他のメンバーもその意見をバックアップすることを奨励する。「そう言われてみれば、私も同じように思いますよ」と改めて確認するのである。こうしたやりとりをとおして、自分自身では気づいていない「自分」についての情報を得ることができるのである。この時点で、「自分を知る」という目標が達成されたことになる。もちろん、その内容を納得して受け止める程度には個人差がある。メンバーが複数の組織からの参加者で構成されている場合は、お互いが初対面であることから、イメージカードのほとんどが好意的な内容になっている。「こんなにいいイメージをもっていただいたのですが、実際はそうでもないんです」。そんな声がどのグループからも聞こえてくる。しかし、それが個々人に「まあ、当たってはいないけど、そんなふうに見えるのか」という、少しばかりの快感と安心感をもたらすことになる。このグループワークの意味は、まとめの時間に解説するので、この時点ではある程度の満足感があれば十分だと考えている。

➡ グループワーク（Ⅰ）のまとめ

　トレーニングで初めてのグループワークと情報交換が終わり、参加者たちに積極的なコミュニケーションを試みようという意識の高まりが感じられてくる。そんな状況を踏まえて、グループワークについて解説する。「なるほど、いま体験したグループワークにはそんな役割があったのか」「このシートにはそうした意味が込められていたんだ…」。参加者たちにそう感じてもらえれば、グループワークは成功したことになる。

　ここでは、その際に用いるいくつかの題材から、「自分のイメージ」「心の４つの窓」「集団発達」の３つを紹介しよう。実際のトレーニングでは、時間をみながらこの種のトピックスを１つだけ選んで話すことが多い。

➡ 自分のイメージ

　「自分のイメージ」については「自分」の評価が正しいのか、それとも「他人」の印象のほうが当たっているのか。この点を考えるための解説である。これまでと同様に話しことばを使うことにする。

> 　皆さん、いま「イメージのふりかえり」シートについて情報を交換していただきました。そのなかで、特に「当たっていない」ところに焦点を当てるようお願いしました。その結果、ご自分では「はずれている」と思ったことでも、人から説明されると「そうかな」という気持ちになった方がいらっしゃるでしょう。「いやいや、何と言われてもそうじゃないんだよ」と、ご自分の考えを変えない方がおられるかもしれませんね。
> 　それはともあれ、そもそも「自分のイメージ」は「自分自身」の評価と「他人」のものとでは「どちらが正しい」のでしょうか。「自分のことだから、自分の評価のほうが当たってるのよ」。そんな声

が聞こえてきそうです。それも一理はあります。しかし、私たちは様々な人とかかわりながら生きています。そんな関係のなかで、「人の目」がすべて誤っているのでしょうか。私たちは他人を見ることができます。しかし、それと同じように自分を見ることはできません。私たちの目は顔のなかに埋まっています。だから、人は他人を見るのと同じ視点で自分は見えないのです。そこで鏡を見て自分の身なりを整えたりするわけです。

　私も「自分自身の評価が間違っている」というつもりはありません。しかし、「他人に見えている自分」のイメージも大事にしたいと思うのです。先ほど交換したイメージカードには、ご自分にとって「いいこと」が書かれていると思います。それならそれで、「人には自分がそんなに見えているのか」と気持ちよく受け止めてはいかがでしょうか。そして、「そのプラスイメージをさらに強めていこう」と考えていきましょう。ご自分の印象がもっと良くなるのですから、すばらしいではありませんか。

およそこんな解説をしながら、他人の見方や評価を受容しようと働きかける。ここで時間に余裕があれば、次のようなコメントを加える。

　ここでクイズを出しましょう。ヒントは3つ。まずは第1ヒント、「それは私がいまここで体験しているあることです」。第2ヒント、「そのことについて、私は間違いなく知っていると確信しています」。そして第3ヒントは、「しかし、私は自分が確信しているのと同じようにはそれが皆さんに伝わっていないこともまた確信しています」。さて、「そのこと」とは何だかおわかりでしょうか。ややこしいヒントですが、ストレートに言えば正解がすぐにわかってしまうんです。さて、答えがわかった方はいらっしゃいますか…。

文章にするとほとんど日本語になっていないが、口頭だとこれでもク

イズっぽくなる。ただし、これを一度聞いただけでは何を言っているのかわからない。そんな空気が会場に漂う。そこでもう一度ヒントを繰り返すことが多い。それでもあいまいさは変わらないから、これで正解が出ることはほとんどない。こうした雰囲気のなかで話を続ける。

> もったいぶらずに正解を申しあげましょう。それは「私の声」です。いま、私は皆さんにお話しています。そして、自分の声をしっかり聞いています。その私の声ですが、これって私の幻聴ですか。そんなことはありませんよね。これはこの世の中で自分だけが知っている「私の声」なのです。しかし、私は自分の声についてもう1つの事実を知っています。私の声は自分が聞いているのと同じには皆さんに聞こえていないことを…。ご自分の声をレコーダーやビデオで初めて聞いたときのことをご記憶ですか。そのときはとても驚かれたはずです。「えーっ、これって自分の声なの」と叫びたくなったでしょう。いまでこそ、私たちは自分の声を聞く道具をもっていますから、「自分が聞いている自分の声」と「人が聞いている自分の声」が違っていることを知っています。その点、昔の人は、この「2つの声」が同じじゃないなんて考えもしなかったでしょう。
> 　このことは対人関係を考える際に大きな示唆を与えてくれます。つまり、「自分が思っている自分」と「他人が見ている自分」との間にも違いがあるのです。もちろん、「自分が思っている自分」が正しいことは言うまでもありません。それは声と同じで、幻想でも何でもありません。主観的でいい加減なものだと否定的に考えることはないのです。しかし、それと同時に「他人に見えている自分」もまた「事実」として尊重すべきなのです。このトレーニングでは、他者に対する影響力としてリーダーシップを考えていきます。その際は、「自分」に対する「自分の評価」と「他人からの評価」のどちらも大事にしていきましょう。

やや長くなったが、こうした解説をとおして対人関係における「自己評価」と「他者評価」に対する新しい視点を提示するのである。

→ 心の4つの窓

グループワークの解説として、「心の4つの窓」を題材に取り上げることもある。これは「ジョハリの窓」として知られているもので、「対人関係づくり」のヒントを与えてくれる。やはり話しことばを用いて、実況中継的に紹介しよう。

> 自分と他者との関係を、「知っている」「知らない」という視点から見る考え方があります。この図をご覧ください（図4-9）。これは、ジョセフ・ルフトとハリー・インガムの2人が提唱したことから、その名前を合成して「ジョハリの心の4つの窓」とよばれています。図からわかるように、縦軸と横軸をそれぞれ「知っている」と「知らない」に分けます。そして、縦軸は「他人」で横軸は「自

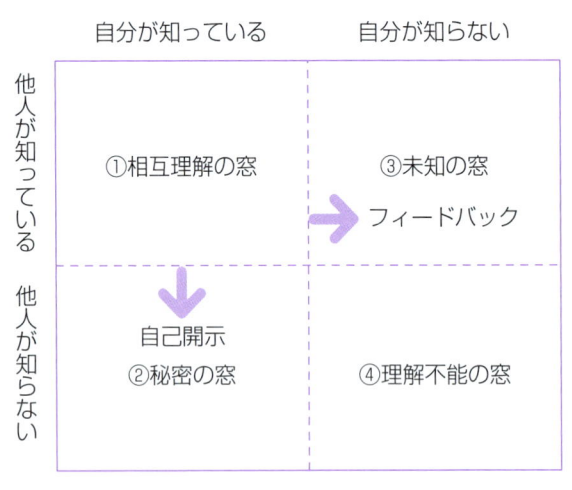

	自分が知っている	自分が知らない
他人が知っている	①相互理解の窓	③未知の窓　→ フィードバック
他人が知らない	↓ 自己開示　②秘密の窓	④理解不能の窓

図4-9　心の4つの窓（*Joseph Luft & Harry Inghan*, 1955）

分」が主語になっています。これを組み合わせると4つの領域が生まれます。そこで、それぞれの内容や特徴を見ていきましょう。

　まずは「①相互理解の窓」です。「自分も他人もお互いに知っている」領域です。ここが広いほど、お互いスムーズなコミュニケーションができますから、相互の理解が深まるわけです。

　次の「②秘密の窓」は、「自分は知っている」けれど「他人は知らない」部分です。そこで、ここを「秘密の窓」と呼ぶことにしましょう。私たちには、他人に知られたくないことがあります。それを隠したくなるのは自然なことです。誰だって、「言いたくないことは言わない」でおきたいですね。それに、自分のことを何でもかんでも露出する必要はありません。ただし、お互いの理解を深めるには知らせたほうがいいものもあるはずです。そのなかには、相手に「言いにくいことを言う」ことも含まれます。自分の思いや気持ちを知らせることを「自己開示」と呼んでいます。「胸襟を開く」という言い方がありますが、どれだけ自分のことを開示できるかによって相互理解の程度も変わってきます。

　さて「③未知の窓」は、「自分は知らない」のに「他人は知っている」部分になります。ちょっと恐ろしい領域です。自分では意識しないまま相手を傷つけていることがあるかもしれません。とんでもない誤解をされていることだってあり得ます。このように、「未知の窓」は対人関係に大きな影響を与える領域です。しかし、そう言われても自分は知らないのですから打つ手がありません。それではどうしたらいいのでしょうか。この部分は、他者から自分の行動や態度について「率直な意見や指摘」をもらうしかありません。そのとき、それをきちんと受け止めることが大事です。せっかくアドバイスしても、逆切れされては人は何も教えてくれなくなります。それまで知らなかった自分に気づかされたら、すぐに行動や態度を見直しましょう。行動を変えたほうがよければ、そのために努力することです。そうすれば、対人関係は飛躍的に改善されるはずです。

最後の「④理解不能の窓」は、「自分も他人も知らない、気づいていない」領域です。ここは、お互いに情報をもたないのでコミュニケーションが成立しません。しかしながら、「自己開示」と「他者からのフィードバック」を積み重ねることで、こうした領域は少しずつ狭められていくことになります。

　「自分を知らせる、他人を知る。そして自分を知る」を終えてから、このような解説を入れて、「自分理解」「他人理解」を進めていこうと呼びかける。参加者のなかには「ジョハリの窓」を聞いたことがあるという者もいる。しかし、その呼び名が２人の提唱者の名前を合成したものであることはあまり知られていない。そこで命名の由来を話すと、参加者から「えーっ、そうだったの」といった声が上がったりする。この情報がトレーニングの成果に影響を及ぼすことはないが、こうした情報提供が肯定的な雰囲気を生み出すのである。

➡ 集団の発達

　最初のグループワークには、「集団の発達」というタイトルの話も準備している。「心の４つの窓」では、自分自身を知るためには他者からの率直なフィードバックが欠かせないことを強調した。しかし、それが実現するためには、集団がしっかり成長していることが必要なのである。メンバーが「物言えば唇寒し秋の風」と感じているようでは率直なコミュニケーションは期待しようもない。そこで、これに対する１つの回答として、集団の成長・発達に関する情報を提供する。集団は、「防衛」「集団形成」「相互啓発」の３段階で発達するというストーリーである（図4-10）。ここでも、話しことばでその解説を追っていこう。

　皆さん、ここにできたばかりの集団があります。もちろん、メンバーたちはお互いのことを知りません。そこでまずはどんな人間が

- **防衛の段階**　自分を守る、安全第一
  重苦しい、頼りない、不安な、イライラした
  言いたいことが言えない、言っても聞いてもらえない…

- **集団形成の段階**　みんなで仲良く、エンジョイ
  明るい、楽しい、はずんだ、心地いい
  楽しいことはよきこと、雰囲気を壊さないで…

- **相互啓発の段階**　みんなで成長、緊張感を楽しむ
  どきっとした、カッカした…
  でも、スカッとして、晴々したなあ…

図 4-10　集団発達の3段階

いるのかを知る必要があります。うかつなことを言って恥をかいてはまずいですよね。そんなわけで、話題も安全なものを選びながら、メンバーの様子をうかがうわけです。こうした場合、時候の挨拶などが最適です。「ずいぶん暑くなりましたね」と声をかける。これに対して、「暑い寒いは地域によって違いますよ。東南アジアではもっと暑いんです。あなたの定義では何度以上を暑いと言うのですか」。こんな敵意に満ちた反論が返ってくることはありません。「そうですね、本当に暑くなりましたね」。これが典型的な反応でしょう。天候の話題は反論されることがありませんから安心して話せます。このように、お互いのことを知らないときは当たり障りのない会話で済ませようとします。こうした状態の集団では、全員が自分を守ることに関心をもっています。そこで、これを「防衛の段階」と呼ぶことにします。

　現実にこの段階にあると思われる集団のメンバーに、その場の雰囲気を聞いてみました。すると、「重苦しい」「頼りない」とか、「不安だ」「イライラした」といった声が挙がったのです。これでは率直なコミュニケーションは期待できません。その結果、事故やエラーも起こりやすくなるのです。リーダーはそんな集団を成長させ

る必要があります。

　ある程度時間が経過してくると、お互いのことも少しはわかってきます。それに対応するように集団は「防衛の段階」から「集団形成の段階」へと成長していきます。これを「集団づくりの段階」とも呼んでいます。そこでは「関係がいい」ことが重視されます。せっかく一緒に仕事をするのですから、仲良くやろうというわけです。この段階に達した集団のメンバーたちから、「明るい」「楽しい」「はずんだ」「快い」という声が聞こえてきます。そんな状態になっているのなら、集団はすでに望ましいところまで成長したように見えます。

　しかしリーダーはここで満足してはいけません。なぜなら、和気藹々とした雰囲気だけでは、ミスや事故、不祥事の発生は防げないからです。集団はさらに大人になる必要があります。それが「相互啓発の段階」です。そこでは、お互いが成長することが重視されるわけです。この段階では、ただ明るいだけでは誰も満足しません。メンバーの成長を実現するためには、言いにくいことを率直に指摘し合うことも必要です。そうなると集団に緊張が生まれます。そこで、この段階では、「カッカした」「ドキッとした」といったことばが聞かれるようになります。「あなたは、ここを変えたほうがいい」「あなたの言い方では真意は伝わらない」。こんな、「きつい」ことばも行き交うのです。しかし、「相互啓発の段階」では、同時に「スカッとした」「晴々した」といった肯定的なことばも出てくるのです。お互いの率直な指摘は神経にさわるかもしれません。また一時的には不快な感情が生まれることもあるでしょう。しかし、冷静に考えてみると、それが自分にとって大切な情報なのだとわかってきます。そのことが理解できたとき、人は一転して爽快感を味わうのです。こうした両面的な気持ちのバランスがうまくとれていることが「大人の集団」の強みだと言えるでしょう。

グループワーク後に、こうした解説を加えることによって、参加者たちは自分や他人に対する理解を深めていく。

4. 効果的な情報提供

▶ 知識から意識へ、そして行動へ

　ここから基礎研修の2日目に入る。参加者たちは、前日の午後に「自分を知らせる、他人を知る。そして自分を知る」ことを目的にしたグループワークを体験している。その効果もあって、メンバーの間に「今日も元気に学びましょう」といった前向きの姿勢がみられる。これも「集団の力」の現れである。

　研修2日目は「情報提供（Ⅱ）」からはじまる（図4-1参照）。午前中に「情報提供」を行い、午後は「グループワーク」に充てる。参加者たちには「午前中は頭もスッキリしていますが、午後から講義だと気が遠くなりますからね」などと冗談を言う。これは人間の生理的リズムを考えた本音でもある。そんなわけで、午後にグループワークを配置するのだが、これは居眠り対策としてかなり有効だ。ただし、午前と午後の進め方を分けているのには、もっと正当な理由がある。リーダーシップを改善するためには、それなりの知識が必要だからだ。それを基礎にして、午後から実践的な行動を探求するのである。

　ところで、「知識」はその数を増やすだけでは何の意味もない。それが参加者たちの「行動」改善や向上に結びつくことが必要である。今日、「飲酒運転は犯罪だ」という「知識」をもっていない人間はいない。しかし現実には飲酒運転による事故の悲劇が繰り返されている。こうした不幸な事態を減らすには、「知識」を「行動」に変えなければならない。この2つの間に「意識」を入れて、『知識』から『意識』へ、そして『行動』へ」の流れをつくりあげることが求められているのである。そこで、「集団の力」を活用することはきわめて効果的である。お互い

に「言いたいことが言える」「言ったら聞いてもらえる」。職場にはそんな雰囲気づくりが欠かせない。第1日目の「自分を知らせる、他人を知る…」のグループワークは、こうした集団をつくるための導入だったのである。午前中の情報提供によって得られた「知識」をグループワークをとおして「意識」化し、さらには現実の「行動」に結びつけていくのである。

➡ 情報提供による説得

「情報提供」と言っても、ひたすら「知識」を伝えるだけでは意味がない。それを聞いた参加者たちに「なるほどよくわかった」「まさに目から鱗だ」と感じてもらうことが大事だ。そのためには「説得力」のある「情報提供」が必要になってくる。社会心理学では「説得」に関して多くの研究が行われているが、そうした成果を「情報提供」にも役立てることができる。ここで「説得」に効果があるとされている条件を挙げてみよう（ホブランド、他）。

1）専門性

たとえば、人を説得するには「専門性」や「権威」を利用すると効果が期待できる。どんな内容のものでも、「専門家」の意見はそれなりに「説得力」をもっている。何といってもその道の「権威」の発言である。情報源を信頼していると、その発言に思わず説得されてしまう。いわゆる悪徳商法では、これを逆手にとって人をだますのである。セールスマンが「ほら、日経新聞にも載っていますよ」などと言いながらスクラップした記事を見せる。当然のことだが、自分に都合のいい情報の部分だけを切り取ったものである。それでも聞くほうは、「そうか、経済専門の新聞だって認めているんだ」などと、つい相手を信用してしまう。

もちろんトレーニングでは「だましのテクニック」などは使わない。その代わりに、様々な研究で得られたデータを提示する。それが情報内容の「真実性」を保証し、参加者に対して説得力をもつのである。ここ

では、その情報を提供する人間そのものの「専門性」も重要になる。トレーニングを主導する者は「トレーナー」や「ファシリテーター」、あるいは「講師」と呼ばれている。どんな呼び方をするにしても、こうした人物が「専門性」を備えていると評価されることで、提供する「情報」が説得力をもつのである。

「専門性」は、職場の研修などでスタッフが「情報提供」をする場合にも大きな影響を与える。それを伝える者の「専門力」が「情報」の説得力を左右するのである。「これに関しては、あの人の右に出る者はいない」。そんな評価を受けているスタッフの影響力が大きくなるのは当然である。

また、「専門性」とは異なるが、情報を伝える人間の「魅力」も説得力を強化する。CMで人気タレントが使われるのも、多くの人を引きつける力を利用しているのである。職場でも、「いい人だ」と評価されている者の発言は影響力をもっていることが多い。もちろん、その前提として「専門性」にかかわる力も認められている必要がある。

2）「一面」vs.「両面」

説得の際に提示する情報には「一面的」なものと「両面的」なものがある。相手が置かれた状況によって、説得の効果が違うと考えられている。たとえば、説得したい内容について、相手が十分な情報をもっていない場合は、「一面的説得」が効果的である。自分が推薦するものや、方法の「いいところ」だけをひたすら強調する。とにかく詳しいことがわからないから、勢いに圧倒されて「ああそうですか」と説得を受け入れてしまう。

これに対して、相手がそれなりの知識をもっている場合はどうなるか。一方的に「いいこと」ばかりを提示していると、「あなたはそうおっしゃいますが、こんな問題点だってあるじゃないですか」と反論される。そこでひるめば説得は失敗する。こうしたケースでは「両面的説得」が効果的だという。「たしかに、この点ではご不安もあるでしょうが」とか、「ここは正直なところちょっと弱いんですが」などと、あえてマイナス

面も取り上げるのである。もちろん、最終的には問題点や弱点を十分にカバーできる「プラス面」を強調する。こうした姿勢が説得者に対する信頼感を高める。「この人は弱点も正直に言う人だ」「いろんな情報をもっている人なんだ」。そんな評価をしたくなるのである。こうなると、説得者の「専門性」や「魅力」など、すでにみた説得が成功する条件も、さらに強化される。

職場に新しいシステムや機器を導入する際も、「プラス面」だけでなく「マイナス面」も正確な情報を伝えておくことだ。それによって、機器の受け入れに対する抵抗感が少なくなり、その結果として新しい機器による「事故防止」も期待できる。

トレーニングの「情報提供」でも、こうした研究成果を活かしているが、基本的には「一面」よりも「両面」にウェイトを置くことが多い。

3)「脅し」のテクニック

このほか、「説得」には「適度な脅し」の効果も認められている。「タバコをやめないと肺がんになる」などは代表的な例である。ただし、それも程度問題で、度を超えて脅すと、相手は聞く耳をもたなくなる。説得者の真意を疑ったり、反発する気持ちが高まったりするのである。そうなると説得の重要な条件である「専門性」も失われてしまう。これではかえって逆効果である。もちろん、「適度」に恐怖感をもたせるのは、それなりに有効だとされている。しかし現実には、この「適度」の基準を明確にするのはむずかしい。そこが悩ましいところで、この点は試行錯誤的に対応していくしかない。

今日の組織においてはあらゆる面で「安全」教育はきわめて重要だが、その際も「適度の恐怖感」を引き起こす情報はそれなりに効果が期待できるだろう。もっとも、トレーニングにおける情報提供では、「脅しのテクニック」を使用することはほとんどない。ただし、「あなたのリーダーシップ次第で部下の意欲や満足度が左右されるんですよ」「部下が起こす職場の事故だってリーダーシップと無関係ではないんです」といった程度の「脅し」を導入することはある。

リーダーシップ・トレーニングは、参加者たちが日常の態度や行動を振り返り、それを改善していくことを目的にしている。したがって、ここでみたような「説得」の条件も積極的に取り入れる。その際の「道具」として役割を果たすのが「情報提供」である。これは一般的には「講義」に当たるものだが、筆者は意識的に「情報提供」と呼んでいる。すでに第1章で「講義」と「講議」の違いを話題にしたが、いわゆる「講義」は受ける側にとって一方向的で受け身的になりやすい（p.17）。トレーニングは、その時々の状況に対応しながら「情報」を提供していくダイナミックなものだ。参加者の疑問に誠実に答えるのはもちろん、反論にも対応していく必要がある。そうした双方向的で臨機応変に対処する点を重視して、筆者は「講義」ではなく「情報提供」ということばを好んで使っている。そのなかで自分なりの「専門性」を発揮し、可能な限り「両面的で多様な情報」を提供している。また、リーダーシップと事故に関して得られた実証的データを示して、適度な「脅し」の効果も期待するのである。

➡ 説得から納得へ

これまで、「情報提供」によって「知識」を「行動」に結びつける必要があること、またそのために「説得力」が必要であることをみてきた。さらに、「説得」が成功するための条件も提示した。しかし、相手の「納得」がなくては「説得」そのものがあり得ない。筆者としては、トレーニングの目標であるリーダーシップを改善・向上させるためには、視点を「説得」から「納得」へ転換することが必要だと考えている。

それでは、「説得」と「納得」はどこがどう違うのか。「説得」は相手の態度や行動を変えようとする働きかけである。組織においては、管理者をはじめとしたリーダーたちが、様々な理由を提示しながら部下に変わることをすすめる。あるいは脅す場合があるかもしれない。その際に、

「変わる」ことで得られるメリットを強調する。それが首尾よくいって部下が態度や行動を変えれば、「説得」は成功である。

　ここで注目したいのは、部下を変えようとしているリーダー自身の態度や行動である。「説得」は「部下」に変わることを期待しているが、リーダーのほうには「自分も変わる」という意識も心構えもない。これが現実に行われている「説得」ではないか。もちろん、それで部下たちの行動が変化し、組織の力が発揮されることもあるだろう。しかし、こうした「説得」には欠けているものがある。

　それは「説得」される側の「納得」だ。「説得」は一方的で、部下からみればリーダー自身は変わるつもりもない。そんな相手を見ながら、人は自分だけが喜んで変わろうと思うだろうか。リーダーが部下に「変化」を求めるとき、「私だって言うばかりではない。自分もちゃんと変わるつもりでいるのだ」という迫力が感じられるかどうか。それが部下の背中を押すのである。「リーダーも変わる覚悟をしているのだ」。そう感じた部下たちは進んで自分の態度や行動を変えようとするだろう。「自分が変わること」の必要性を「納得」するのである。

　「説得」から「納得」への転換はリーダーシップの発揮にとって重要な条件なのである。もっとも、トレーニングにおいては、講師のほうが「変わる」ことはない。しかし、「情報提供」は、どうしたら「説得」できるかではなく、どうしたら参加者たちに「納得」してもらえるかという視点から行うべきなのである。

　こうした点を踏まえたうえで、基礎研修２日目の午前中に組み込まれている「情報提供」の内容を紹介しよう。これまでと同様に、いくつかの代表的な題材を取り上げるが、現実のトレーニングでは、時間をみながらその場に合ったテーマをピックアップしていくことになる。

5. 情報提供（Ⅱ）

→ 管理から経営へ

　まずは、スライドをご覧いただきたい（図4-11）。「『科学的管理法』から『人間的経営法』へ」と書かれた日本語の下に英訳もある。リーダーシップ・トレーニングにおける「情報提供」のスタートにこのスライドを提示することが多い。これによって、リーダーシップのあり方を考えておきたいからである。ここでも、「情報提供」の雰囲気を伝えるために、話しことばでフォローしよう。

> 　皆さん、スライドを見てください。「『科学的管理法』から『人間的経営法』へ」と書かれていますね。その下は英語です。"From the Scientific Management to Human Management" です。この日本語と英語の文を見て、何かお気づきになりませんか。

"科学的管理法"から
　　　"人間的経営法"へ

From the Scientific Management
to Human Management

図4-11　科学的管理法から人間的経営法へ

こう問いかけて少しばかり間を置くと、たいていの場合、誰かが手を挙げる。そこですかさず指名する。これに対して、「はい、英語では2つとも"Management"なのに、日本語では『管理』と『経営』になっています」という期待どおりの答えが返ってくる。

　そうです、そのとおりです。おもしろいですね。"the Scientific Management"は「科学的管理法」なのに、"Human Management"のほうは「人間的経営法」となっています。「科学的管理法」はアメリカ人の技師テイラーが提唱したもので、作業時間や動作の分析などを行って効率的な生産を実現しようという手法です。その結果として得られた成果の一部は、出来高に応じて労働者にも還元されました。しかし、根底に人を機械のように扱う発想があることから、その後はより人間的な視点が重視されるようになっていきます。そして、「人間関係論」といったものが登場してきます。その基本にあるのが"Human Management"的な考え方です。それをここでは「人間的経営法」と訳したわけです。それからさらに時間が経過すると、組織におけるリーダーシップなどの重要性が強調されるようになってくるのです。

　ところで、テイラーが提案した手法は日本語で「科学的管理法」と訳されていますが、原語は"Management"です。もっと詳しく科学的管理法を知りたい方は、インターネットなどで確認してください。いずれにしても、英語では同じ"Management"が、日本語になると「管理」と「経営」の2つに訳すことができるのです。"Management"を辞書で引いてみると、まずは「取り扱い（方）、操作、処理」とあり、続いて「経営、管理」、さらに「監督、取り締まり」と並んでいます（電子版『ランダムハウス英和大辞典』）。日本語で「管理者」や「管理職」と言うときは抵抗を感じませんが、「管理主義的」といった表現になると、明らかにマイナスのイメージがあります。そして、部下の人間性を評価せず、ひたすら上

> から押さえつけるだけのリーダーが頭に浮かびます。辞書の後半にある「取り締まり」の意味合いが濃くなってくるわけです。これはどう考えてもまずいですね。
>
> 　それに対して「経営」と聞いたときはどんな感じがしますか。少なくとも、ことば自体からは否定的な感じを受けることはありません。実際、「経営」とは、様々な工夫をしながら組織をうまく運営していくことなのです。こうしたことを踏まえて、職場のリーダーである皆さんには、「管理者」の立場から部下を見るというよりも、「経営者」の視点をもっていただきたいのです。単にトップダウン式に上から指示や命令を与えるのではなく、部下たちの意見やアイディアをうまく引き出していく。そうした力を自ら身につけていくことが今日のリーダーに求められているわけです。このトレーニングでそんな力をしっかり身につけていきましょう。

　これは「情報提供（Ⅱ）」の最初に取り上げる題材の一つである。リーダーが「管理」よりも「経営」の視点から力を発揮することの重要性を強調している。トレーニングではこうした語りかけが参加者たちに「納得」されるよう努力しているのだが、読者はどう判断されるだろうか。

➡ リーダーシップと影響力

　リーダーシップ・トレーニングは参加者のリーダーシップを改善・向上することを目的にしている。したがって、そこにはリーダーシップに関して大きな前提がある。それは「リーダーシップは改善することができる」ということである。そうでなければ、リーダーシップをトレーニングすることなど考えられない。もちろん、リーダーがもっている個性がリーダーシップに影響を及ぼすことは当然だ。しかし、そのうえで最終的にはリーダーの行動が部下の意欲や満足度を左右する。それが元気で安全な職場をつくるのである。

こうした立場から、すでにリーダーシップを特性よりも行動としてとらえることの重要性を強調した。それに関連して、「リーダーシップの公式」「リーダーシップの特性リスト」、そして「リーダーシップの円錐」などの話題を取り上げた。また、リーダーシップを「筋肉運動」と同じように考えて、それを鍛えていくことの必要性を訴えた。
　いずれにしても、様々な題材を組み合わせながら、参加者たちの「リーダーシップを変えよう」という意欲を高めていくのである。
　もちろん、取り上げる内容と量はその時々の状況に依存する。特に時間には限りがあるから、それほど多くの情報を提供することはできない。どんな内容をどのように提示していくか。それを考えながら臨機応変に対応していくなかで、筆者は心地よい緊張感を楽しんでいる。
　ここでは、さらにトレーニング2日目の「情報提供（Ⅱ）」で活用できる「リーダーシップと影響力」と題する「話の材料」を提示しておこう。
　リーダーの働きかけが効果を上げるには、リーダー自身が部下に対して影響力をもっていなければならない。しかし現実には、リーダーが影響力を発揮できていないケースが多いのである。そんな状況を見るたびに、部下がリーダーの影響力を受け入れる理由を知りたくなる。そこで、リーダーの影響力が生まれる条件について考えてみよう。これに関連しては、フレンチとレイブンが影響力を生み出す5つの要因を提唱しているが、ここには6つの要因を挙げている（図4-12）。この点は改めて説明するとして、いつものように話しことばで話題を紹介する。

> 皆さん、私たちはリーダーシップを「部下に対する影響力」だと考えています。それでは、影響力を十分に発揮するにはどうすればいいのでしょうか。ここではフレンチとレイブンが提案した影響力の源泉に関する5つの要因を紹介します。それを参考にしながら、リーダーシップのあり方を検討していきましょう。

影響力の源泉
脅しじゃ"こころ"は動かない

☐ 強制による力　　　言うことを聞かないと怖い…
☐ 報酬による力　　　言うことを聞くと得する…
☐ 正当性による力　　言うことを聞くように決まってる…
- -
☐ 専門性による力　　何たってすごいプロだもの…
☐ 憧憬による力　　　私の目標、あんな人になりたい…
☐ 情報による力　　　知ってる人は頼りになる…

図4-12　影響力が生まれる条件（フレンチとレイブン）

1） 強制による力

　職場のリーダーは部下を強制的に従わせるような力をもっています。その程度は職場によって様々でしょうが、上役から否定的な評価を受けるとまずいに決まっています。それが露骨な報復に繋がることはなくても、自分の将来に影響するのではないかと不安になります。部下にとっては「言うことを聞かないと怖い」のです。そんなわけで、いわば「罰」を避けるために、いやいやながらも部下たちはリーダーに従うことになります。もっとも、リーダーに罰を与える権限がなくなれば、そうした「影響力」はあっという間に失われてしまいます。

2） 報酬による力

　これは「強制による力」と正反対のものです。この力は「リーダーの言うことを聞くといいことがある、得をする」ところがポイントです。ここで「報酬」ということばを使っていますが、これは経済的なものだけではありません。自分のことを認めてくれたり、しっかり仕事をすればそれを評価してくれるといったことも含まれ

ています。これらは心理的報酬ということになります。いずれにしても、この力をもったリーダーの言うことを聞いていると、「いいことがある」「気持ちがいい」わけです。ただし、それも報酬を与えることができなくなれば、部下たちは背を向けるかもしれません。

3）正当性による力

　私たちは「上役には従うように決められている」のでその影響力を受け入れることも多いと思います。就業規則にはっきりと書いてあるかどうかは別にして、一般的に部下はリーダーの言うことを聞くのは当然だと考えられています。もちろん、あまりにも理不尽な要求をされれば反発するでしょうが、その場合はリーダー自身が不当なことをしているのです。ただしこの力も、上役という立場でなくなれば、その瞬間に影響力も消滅します。

4）専門性による力

　これは読んで字のごとしです。リーダーがその立場にふさわしい専門的な力をもっているがゆえに、部下たちがその影響力を受け入れるのです。「うちの上役は何といっても専門的な知識・技能がすごいから」という声が部下たちから聞こえてくるときは、この力が大きく効いていることになります。上役はまさに「プロ」として認知されているのです。もちろん、そうした専門力が低下していけば、これまで挙げた力と同じように影響力も弱まっていきます。

5）憧憬による力

　専門書などには「準拠勢力」や「同一視力」などと書かれていますが、これは英語の"referent power"を訳したものです。「自分もあんな人になりたい」「わたしの手本・目標だ」といった理由からその人についていくような場合がこれにあたります。こうした意味合いをもっていることから、日常的にはなじみの薄い「準拠」や「同一視」の代わりに、筆者は「憧憬による力」と呼ぶことにしています。それはともあれ、この力をもてば部下に大きな影響を与えることができるはずです。しかし、そうはいっても、「憧憬による

力」を身につけるのは簡単なことではありません。それに、この力はリーダーと部下との相性が影響するかもしれません。また、4番目の「専門性による力」をもっていなければ、「憧憬による力」も生まれることはないでしょう。

6) 情報による力

フレンチたちが提示した5つの力に、「情報による力」を加える場合もあります。特に今日のような時代では、仕事の目標をスムーズに達成するために「正確な情報をより早く知ること」が何より大切です。したがって、上役の「情報力」がリーダーシップの重要な要素になることは疑いありません。もっとも、この力は「専門性による力」のなかに含まれると考えることができますね。

さて、あなたはこうした影響力の源泉のうち、どの力をどのくらいもっているだろうか。職場の管理者であれば、「どれももっていない」という回答はあり得ないが、毎日を振り返ってしばらく考えていただきたい。

ここで改めて図4-12をご覧いただきたい。「正当性による力」と「専門性による力」の間が破線で区切られている。実は同じ「影響力の源泉」でも、上の3つと下の3つには大きな違いがあるのだ。それが何かおわかりだろうか。はじめの「強制」「報酬」「正当性」は、リーダーという地位や役割に自動的についてくるものだ。それが管理者に与えられる「権限」なのである。その意味で、必ずしも本人の努力とはかかわりのない「力」ということになる。だから、その地位にいることがなくなると影響力もたちまちにして失われるわけだ。「面従腹背」という何とも嫌なことばがある。表向きは言うことを聞いていても、心のなかでは反抗しているのである。「強制」で脅し、「報酬」で釣り、「正当性」で押さえつけるリーダーのもとには、そんな部下たちがいることを心配したほうがいい。

これに対して、「専門性」「憧憬」、それにあとで付加された「情報」

のほうはどうだろうか。これらは管理者になったからといって自動的についてくるものではない。もちろん、「専門」的な力が認められたから、それなりの責任ある地位に就いたことは疑いない。しかし、その力は意識的な努力をしないで維持することはむずかしい。いつも新しい課題にチャレンジしながら自分の専門性を磨いていく。それではじめて「専門性」が維持できるのである。そして、そうした姿を見ることで、部下たちには「あんな人になりたい」という気持ちが生まれる。それこそが、「憧憬」による影響力そのものなのである。

ところで、最後の「情報」の場合は地位や役割に伴って得られるものもある。その点では、「強制」や「報酬」などとの共通点もある。しかし、洪水のように押し寄せる膨大な情報をうまく整理し、効果的に活用する力をもつためには、やはりそれなりの努力が必要になる。また、部下たちから上がってくる情報には、互いに矛盾していたり対立するものもある。これらを公平な態度で、しかも迅速に分析することで部下たちからの信頼が得られるのだ。その意味で、「情報力」は単なる地位や役割に付随するものではないのである。

ともあれ、部下たちが表面だけでなく、こころからリーダーの影響力を受け止めるためには、「専門性」が重要な鍵を握っているのである。そして、その「専門性」を高めることによって、「憧憬」による影響力も強化されるのだ。

これまでの分析で、リーダーの影響力を高める「専門性」の重要性が明らかになった。そこで、次の段階は「専門性」を強化する方策を考えることである。筆者はそのために求められる6つのポイントを提案している（図4-13）。ここでも話しことばのタッチでそれらを紹介していこう。

1）知識の量

皆さん、リーダーは何といっても仕事に関して多くのことを知っ

専門性がポイント

- ☐ 知識の量
- ☐ 技能・技術力
- ☐ 問題を発見する力
- ☐ 専門性を高める意欲
- ☐ 問題発見能力を育成する力
- ☐ 専門性を身につける方法を伝える力

図 4-13　リーダーに求められる専門力

ていなければなりません。「うちの上役は仕事のことは誰よりもたくさん知っている」。部下からこうした評価を受けることが、「専門性による力」を発揮する大前提になるわけです。それが部下からの信頼感に繋がります。もちろん、百科事典のように単なる事実を網羅的に知っている必要はありませんし、それだけでは何の意味もありません。職場のリーダーに求められるのは、「その時々の状況や部下が期待する知識」なんですね。ともあれ、「知識の量」で評価されるために、リーダーはいつも勉強しておかなければなりません。

2）技能・技術力

　仕事に関して知識をたくさんもっているだけでは「専門性の力」が十分だとは言えません。特に技術職や看護などの仕事では、技能や技術の面でも優れていることが求められます。「上役はすごい技術をもっている」「リーダーの腕にはかなわない」。部下たちがそんな話をしている職場ではリーダーの影響力も大きいわけです。こうした力を身につけるためには、日頃から自分の技術を磨いておくことが必要です。そもそも仕事の技術を高めることは、部下から評価されるかどうかとは別に、自己実現に繋がるはずです。

3) 問題発見能力

　知識の量や技術が優れているだけで安心してはいけません。仕事をスムーズに進めていくために、「いま何が問題なのか」「どこにどのような問題があるのか」を発見する力が必要です。仕事に関して専門的な力がなければ問題があっても気がつきません。部下たちが「職場の問題を提起するのはいつも上役だ」「それにしても、よく見ているもんだなあ」といった評価をしているリーダーの影響力は大きいのです。

4) 専門性を高める意欲

　現代はあらゆる分野で日進月歩を超えて、まさに"秒進分歩"の時代です。そんな状況のもとでは、リーダーがすべての領域で部下たちより先を行くのは簡単なことではありません。それどころか、分野によっては若い人たちのほうが知識をもっていることもあります。また新しい機器などは経験年数とは関係なく上手に使いこなす部下がいるかもしれません。そんなときでも、「部下に負けるわけにはいかない」などと焦ることはありません。部下のほうがよく知っていることなら聞けばいいんです。それに、事情が許すのなら、新鮮な気持ちで勉強するのも楽しいじゃないですか。

　看護師長さんの専門性について興味深いエピソードがあります。ある病院のICUに、すごいリーダーシップを発揮しているという評判の師長さんがいらっしゃいました。まさに毎日が戦場のような状況のなかで機敏に仕事をされていたそうです。ところが、この師長さんが泌尿器科に異動されたんですね。その結果、職場の環境がまるで変わってしまった。それまでうまくいっていた迫力に満ちた指導では泌尿器科が回っていかないのです。また蓄積していた知識や技術も生かせない。それでもすぐに落ち込んだりしないところがこの師長さんのすごいところです。「わからないことは聞くしかない」と言いながら、部下たちから徹底して情報を集められたんだそうです。部下に「こんなときはどうするの、教えてちょうだい」と言っ

て聞きまくったんですね。もちろん部下たちはちゃんと答えてくれます。時には「前の師長さんはこうするようにと指示されていたのですが、私たちは別の進め方のほうがいいなんて思っているんですが…」といった話まで出たりします。それを聞いた師長さんは、「それならあなたたちの考え方でやってみようか」と、その提案をすんなり受け入れるわけです。そうなると部下たちの意欲も高まってきますよね。こんな調子で対応されるものですから、この師長さんはあっという間に新しい職場でリーダーシップを確立されたということです。実に示唆に富んだお話ですね。この師長さんは「どんな状況になっても、専門性を高めていこう」という強い意欲を維持されていたわけです。「専門性」に不十分なところがあればあったでいいのです。大事なのは、それを身につけようとする意欲と飽くなき向上心です。そうした気持ちは部下たちに伝わるはずです。これもまた、「専門性による力」だと考えることができます。

5） 問題発見能力の育成

　職場のリーダーは自分の問題発見能力が優れていることだけで満足してはいけません。リーダーには部下を育てるという重要な役割があります。「前任の○○さんは、しっかりリーダーシップを発揮していると聞いていたのだけれど、誰も育てていなかったんだ」。新任の上役からこんな嘆きが聞こえてきます。これではリーダーの責任を果たしたとは言えません。自分たちの仕事の問題を発見し、その解決のためのノウハウやコツを伝えていくことも、リーダーの専門性として期待されているわけです。

6） 専門性を身につける方法を伝える力

　問題を発見する力は「専門性」を身につける出発点です。そうした感受性を育てたら、次は専門性を高める方法を伝えることが必要になってきます。それには、自分の体験を話したり、細かい注意点を教えたりすることが含まれます。「なあるほど、こうすればいいのか」「そうか、そんな見方が必要なんだ」と、部下たちが「さす

が、自分たちの上役だ」と感動するのです。

　このように、リーダーに求められる「専門性」はいろいろですが、いずれにしても、リーダー自身が仕事のあらゆることに対して「飽くなき探求心」をもっていることが大事です。そもそも仕事に興味や関心がなければ、「専門性」を高めようという気持ちになりません。「背中を見て育つ」という言い回しがあります。やや情緒的ですが、リーダーがそんな姿を見せることで、部下たちの仕事に対する見方が変わっていくでしょう。そのうえで、こうした教育や働きかけを積極的に進めていれば、リーダーに対する部下たちの評価も高まっていくに違いありません。

　ここでは、リーダーシップにかかわる「情報提供（Ⅱ）」の題材として、リーダーの「部下に対する影響力」と「専門性」について考えた。
　こうした情報によって、参加者たちが「リーダーシップ」について理解を深め、さらに自分の行動を改善する意欲が高まることを期待するのである。
　そして、トレーニングはいよいよリーダーシップを改善するための具体編の段階に入っていく。

6. グループワーク(Ⅱ)

→ 求められるリーダーシップの探求

　ここまで基礎研修2日目前半のスケジュールを見てきた。ウォーミングアップを兼ねたグループワークとリーダーシップに関する基本的な情報提供が終わったところである。これらを通じて、「リーダーシップは行動」であり、したがって「努力によって改善できる」ことを伝えたわけだ。その結果、参加者たちに「リーダーシップは改善できる」という意識の高まりが感じられてくる。そうなると、「それでは具体的にどんな行動をすればいいのか」という疑問がわいてくる。参加者たちの背景は様々である。また組織が同じでも仕事を取り巻く状況は違っている。そこで「どんな行動をするかはご自分で探すしかありません」と突き放すのでは身も蓋もない。「『リーダーシップ・トレーニング』だったら、そのくらいの情報は提供すべきじゃないか」という声が上がるだろう。筆者が開発した「リーダーシップ・トレーニング」では、その期待に応えるための「道具」を準備している（図4-14のA）。そして、その時間が基礎研修2日目の中盤から始まることになる。

　ところで、われわれは「自分が求められている行動」をどうやって知ることができるのだろうか。スケジュールの具体的な内容に入る前に、ここでは4つの方法を紹介しよう。

1）既製の調査を使う

　リーダーシップについては多くの理論があり、それに基づいて様々な調査項目も作成されている。それらは妥当性や信頼性が検証されており、その意味ですべてが「リーダーに求められている行動」である。こうした項目を使って、自分のリーダーシップの状況を把握し、その改善・向

```
        第1日目              第2日目
 9:30  ┌──────────────┬──────────────┐
       │※オリエンテーション │※情報提供(Ⅱ)      │
10:00  │ *人間理解の基礎   │ *リーダーシップの科学│
       │              │              │
       │※情報提供(Ⅰ)     │              │
       │ *グループ・ダイナミックスと│ *リーダーシップと職場の規範│
11:00  │      集団理解  │              │
       │              │※Group Work(Ⅱ-1) │
       │              │ *いま求められる行動の探求│
12:00  │       昼  食  (  休  憩  )  │
13:00  ├──────────────┼──────────────┤
       │※Group Work(Ⅰ)  │※Group Work(Ⅱ-2) │
       │ *対人関係の基礎技術│ *私たちに求められる│
       │              │  リーダシップを求めて│
14:00  │ A            │ B            │
       │※Group Work(Ⅱ-1)│※Group Work(Ⅱ-2)│
       │ *いま求められる行動の探求│ *私たちに求められる│
15:00  │              │  リーダシップを求めて│
       │              │              │
       │ C            │              │
16:00  │※Action Program │※Action Program│
       │ *職場で実践する  │ *職場で実践する行動目標の設定│
16:30  │  行動目標の設定  │              │
       └──────────────┴──────────────┘
```

図4-14　いま求められる行動の探求

上を進めていく。個々の項目には理論的な裏付けがあるから、リーダーシップ・トレーニングで活用できる。この方式にはそうしたプラス面がある。その一方で、参加者たちから疑問の声が上がることもある。「理論的には間違いないのでしょうが、私の現状には当てはまらないものが多いですね」「こんな行動をしろといわれても現場では無理ですよ」「このなかには私に求められている行動が入っていません」…。調査項目は一般化されているから、内容が抽象的になるのはやむを得ない。それを「自分の状況に翻訳すること」が大事なのだが、なかなかそうもいかない。ともあれ、こうした疑問をもたれて参加者たちの意欲が低下しては意味がない。

2）生の声をストレートに受け止める

「自分には当てはまらない」という問題を解決するためにはどうするか。その答えは簡単で、部下に「職場のリーダーとしてしてほしいこと」をストレートに聞けばいい。せっかくだから「してほしくないこと」「やめてほしいこと」も挙げてもらうのはどうだろうか。それらは「部下たちから求められている行動」なのだから、実践さえすればいいのである。それはそうだが、上役に「やめてほしいこと」など言いにくい。本音を言って目を付けられても困るではないか。まことにもっともな意見である。それではどうするか。

ここで、筆者が用いている方法をご紹介しよう。いまやインターネットの時代である。トレーニングに参加するリーダーの部下たちが「〇〇さんにもっとしてほしいこと、やめてほしいこと」をメールに書いて、「トレーニング」を実施する担当者に送るのである。筆者はその担当者にあたるのだが、図4-15は部下たちに送る依頼状のサンプルである。これを受信し参加者ごとに部下の声を整理する。そのなかには、そのままでは問題になるものが含まれていることもある。それらは担当者が修正したり、時には削除したりすることも依頼状のなかに明記している。

この方法を使えば、トレーニングに参加するリーダー一人ひとりに「求められる行動リスト」ができあがる。すべての項目が部下の「生の声」であり、その迫力はかなりのものがある。こうなると、「こんな行動は私には当てはまらない」といった言いわけはできなくなる。

ここで、「部下たちの生の声だから、すべてを受け入れて行動に移すべきだ」などと要求してはいけない。それがどんなに大事な行動であっても、すぐに実行できないこともある。また部下の一方的な思い込みもあるに違いない。そんなことまで「実行に移せ」と言われては誰だって困ってしまう。しかし、リストアップされた行動がすべて無理難題や部下の誤解だということはあり得ない。「やっぱり言われてしまったか」とつい苦笑してしまうものがあるだろう。「やっているつもりだけれど、十分に通じていないのか」とがっかりする姿が見られるかもしれない。

> **調査のお願い**
>
> 熊本大学　吉田道雄
>
> 　今回、皆さまの職場においてリーダーシップ・トレーニングを開催させていただくことになりました。
> 　このトレーニングは元気で安全な職場づくりを目的にしています。その実現のためには、管理職の方々にリーダーシップを高めていただくことが重要になります。
>
> 　そこで、皆さま方の上司の日常をふり返っていただき、
> 　　「(もっと)して欲しいこと」
> 　　「できれば抑えて(やめて)欲しいこと」の2点について、ご意見をお伺いしたいと思います。
>
> 　皆さまからいただいたご意見をもとに、上司の方々がリーダーシップの改善・強化に努めることになります。
>
> 　この調査の目的は、上司に対する悪口や批判を集約することではありません。
> 　あくまで、上司に「して欲しいこと」「抑えて欲しいこと」を率直にお聞かせください。
>
> 　ご意見はメールで熊本大学の吉田宛にお送りいただきます。データは吉田が責任をもって集約・整理させていただきます。当然のことながら回答者が特定されることはありません。
> 　なお、データ化に当たっては吉田が状況に応じて修正等を行うことがございます。この点につきましてはあらかじめご了承いただきますようお願い申し上げます。
>
> **ご記入にあたって**
> 　　はじめに、あなたの「上司のお名前」をお書きください。
> 　　そのあとに、「もっとして欲しいこと」「やめて欲しいこと」を箇条書きでご記入ください。
>
> 　なお、皆さま方からのご回答であることを確認するため、件名に「○○」を入れてください。
>
> **記入例**
> 　　朝から笑顔で挨拶する。
> 　　仕事をうまくしたときほめる。
> 　　失敗したとき頭ごなしに怒る。
> 　　自分の若いころと比較する。
> 　　(上の2つは「して欲しい」　下の2つは「やめて欲しい」事例)

図 4-15　部下が期待する行動についての調査依頼状

　また、「部下にはそんなふうに見えていたのか。自分では気づいていなかったが、すぐにでも修正しないとまずいな…」と、やや驚くものも含まれている可能性がある。リーダーはこうした視点から、自分が改善すべき行動だけを選べばいい。それらは自分が「納得」したものだから、行動目標として職場で実践していくことに抵抗はないはずだ。

　ただし、この手続きをとるときは、部下の声を集約する者に対する信頼が絶対条件になる。また、「書かれる側」のリーダーたちにも、その

意義を理解してもらうことが必要である。ただし、それをどの程度の参加者が了解したときに実施するかは、当該組織で決定することになる。

3）生の声を間接的に聞く

「個別に部下の声を受けるのは、過激すぎる」と心配をする人もいる。それを和らげながら、参加者たちに行動改善に向けた意欲を高めてもらう。それがトレーニングを実施する側の腕の見せどころである。そうはいうものの、この方式に抵抗を感じる人たちの気持ちも理解できる。

そんなときは、「間接バージョン」をおすすめしたい。まずはトレーニング参加者の個々の部下から上役に対する期待を収集する。ここまでは「ストレートバージョン」と同じである。その次の段階で少しばかり修正を加える。部下たちから出された行動リストを整理したうえで、それらを混ぜ合わせるのである。つまり、参加者たちの部下が期待する行動ではあるが、それが「自分の部下」のものであるかどうかをわからなくするのだ。しかし、それらは「よその組織」で得られたものではない。あくまで、「自分たちの部下が発した生の声」である。これでストレートの過激さを和らげながら、自分が改善すべきだと思う行動を選択していく。こうした手続きをとるから、選択した項目が自分の部下の期待と一致していない可能性はある。しかし、とにかく自分で「改善しなければならない」と考えて選んだ行動だから、抵抗なく実践に移していくことができるのである。

ところで、参加者たちの部下の声を「混ぜる」と、かなりの量になると思われるかもしれない。しかし現実には、それほど心配する事態は起きていない。同じ組織の部下たちが上役に求める行動はかなり重複しているのである。上役一人ひとりが部下たちから「まったく違った行動」を求められているわけではないのだ。これまでのところ、25人ほどの参加者がいても、最終的には60〜70項目程度で収まることが多い。

4）さらにソフトなバージョン

「間接バージョン」でもまだ不安だという組織もある。何といっても「生のデータ」である。それで「職場の人間関係」がまずくなっては元

も子もないというわけだ。それだけではない。部下たちからの声を収集する時間的な余裕がないときもある。さらに、この方法は参加者たちが同じ組織に所属している場合に限定される。その場合は事前の打ち合わせができるから、メールで「上役に対する期待」を伝えることについて理解が得られる。その点、対象の組織が複数になると、事前の情報交換がむずかしく、メールで情報を送ることについても混乱が起きる可能性がある。情報が得られた組織もあれば、情報なしのところもあるという事態が起きるかもしれない。

　こうしたときには、「ソフトバージョン」がおすすめだ。その際に準備するのは、複数の組織から得られた情報を集約した「リーダーシップ・チェックリスト」である。これだと、自分たちの部下が書いた「生のデータ」ではないから、冷静に受け止めることができる。ただし、この方式だと最初に取り上げた「既製の調査を使う」ことと状況は同じになる。

　しかし、両者には大きな違いがある。まず、「ソフトバージョン」には「既製の調査」ほどの厳密さはない。後者はリーダーシップの理論をもとにして、多くのデータを収集したうえで、妥当性や信頼性が確認されている。これに対して前者の場合は、様々な組織の構成員から「上役に対する期待」を収集してはいるが、それらを「集めた」だけで、その妥当性などは分析していない。しかしその一方で、「既製の調査」にはないメリットもある。それは「柔軟性」である。「理論に基づいた調査」は、厳密な検証を経ているというその事実のために、個々の調査項目を変更しにくい。言い回しを少しでも変えれば、その価値である妥当性や信頼性も保証されないことになる。しかし、管理者たちに求められるリーダーシップは時代や社会環境の変化に応じて変わり続けていく。そんななかで、「一言一句」にも手をつけられないとすれば、実用的な価値は失われてしまう。それでは、リーダーシップを改善するためには使えない。

　むしろ、データを日常的に検討しながら柔軟に充実させていくことが

実践には有用なのである。それによって、参加者たちが「納得」して行動に移すことができることになる。

　ここではトレーニングのために集約された「リーダーシップ・チェックリスト」のうち、企業の管理者と看護管理者を対象にしたものを提示しよう（図4-16、17）。どちらも期待される60項目の行動が挙がっている。このなかには「抑えてほしい、やめてほしい」ものも含まれているが、それは項目の内容を見れば容易に判断できるだろう。これらはい

"私のリーダーシップ"チェックリスト　組織管理者

1　アイディアに満ちた独創的な発想をする
2　一部の意見だけで偏った判断や指示をしない
3　いつも新しいものへ挑戦する意欲をもっている
4　会議やミーティングをうまく運営する
5　業務を適切に配分し、部下に過度な負担を負わせない
6　仕事に関して言ったことと行動が一致している
7　仕事の優先順位を明確に示す
8　自分がミスしたときは、それを認める
9　目分から率先して決定事項を期限内に行う
10　自分の考えを部下が納得できるように伝える
11　社内外部の変化に敏感に対応している
12　状況に応じて、自分の考えや行動を柔軟に変える
13　上司として高圧的な態度をとらない
14　職場に明るく働きやすい雰囲気をつくる努力をする
15　部下が自身をもちやすい雰囲気をつくる
16　部下の有機的な仕事をしていると活躍の場を促す
17　部下から依頼されたことを必ず実行する
18　部下たちと了解したことを上の意向によって変更しない
19　部下と上司のパイプ役を果たしている
20　部下に仕事を丸投げしない
21　部下に責任を押しつけない
22　部下に業務の進め方をアドバイスする
23　部下の仕事を理解したうえで指導や指示を示す
24　部下の問題が起こったとき、自分が前面に立って対応を行う
25　業務上の決断をすみやかに行う
26　業務上の問題点について、新しい解決法の仕方を示す
27　業務に困ったときに、働きやすいよう早急に調整する
28　仕事で困っている部下に適切なアドバイスをする
29　仕事に対して明確な方針をもっている
30　仕事に対する責任感が強い
31　仕事のミスをした部下を頭ごなしに責めない
32　仕事の問題点をいつも検討している
33　部署内の業務以外の問題にも関心をもっている
34　部下に対しても、リーダーシップを発揮する
35　上司や他部門に対してもはっきり部下の意見を言う
36　職場に問題が起きたことを部下に意見を求める
37　部下の意見をじっくり聞いてから、説明する
38　地位に応じてふさわしい専門的知識や技術をもっている
39　必要なときは、きちんと部下を叱る
40　部下からの挨拶に大きな声で返事を返す
41　部下が仕事をしやすいような職場を改善する
42　部下が担当している仕事の内容を知っている
43　部下が本音で相談できる
44　部下と一緒に問題を解決していこうとする
45　部下に気軽に話し合えることができる
46　部下に対して公平に接している
47　部下の仕事の進捗状況を気にかける
48　部下に自分の意見を言いやすくしている
49　部下のメンタル面をしっかりとフォローする
50　部下の意見やアイデアを活かすよう努力する
51　部下の業務を把握している
52　部下の仕事を気持ちよく第三者観的に評価しない
53　部下の前で、相手の感じ悪く言わない
54　部下の相談や意見に真摯に耳を傾ける
55　部下の努力を評価する気を配る
56　部下の立場に立ってものごとを考える
57　部下の力を最大限に引き出すような働きかけをする
58　部下への応対が丁寧で話し掛けやすい
59　部門全体の仕事を掌握している
60　問題が発生したときに、すばやく判断する

Copyright©YOSHIDA, Michio

図4-16　企業管理者のリーダーシップ・チェックリスト

つも暫定的なものであり、新しいデータを収集した結果を取り入れてバージョンアップを行っている。

➡ 自分に求められているリーダーシップ行動の探求
（図4-14のB）

ここでは、あらかじめ準備された「チェックリスト（図4-16、17）」を用いたトレーニングの流れを追いながら、基礎研修2日目の後半につ

"私のリーダーシップ"チェックリスト　看護管理者

No.	項目	No.	項目
1	部下が時間にしたがうことをきびしく言う	31	仕事についての部下の能力を認めている
2	仕事に関して、指示・命令を明確に伝える	32	部下が気軽に話し合うことができる
3	仕事に必要な知識や研究のやり方を教える	33	部下を支持している
4	仕事上のことをきびしく言う	34	部下を信頼している
5	普段と違った処置が必要なとき、臨機応変に対応する	35	何かを決定するとき、部下の気持ちを考慮する
6	その日の仕事の計画や内容を知らせる	36	部下が援助を必要としたときに、それを認める
7	毎日の仕事の計画を綿密にたてている	37	問題が起こったとき、部下の意見を求める
8	仕事の内容やり方をうまく教える	38	部下の個人的悩みや家庭の問題について気を配る
9	部下の能力を最大限に引き出す	39	人員不足の現状を理解している
10	業務上の問題について、新しい解決の仕方を示す	40	部下に困ったことがあったとき、援助する
11	部下が担当している仕事の内容を知っている	41	部下を公平に取り扱う
12	部下が困らないよう十分な知識を持っている	42	部下とのレクリエーションや懇談会に参加する
13	必要なときは、きちんと部下を叱る	43	部下の待遇改善に努力する
14	部下に仕事をするよう目標を持つように言う	44	部下が仕事をしやすいよう職場の改善に気を配る
15	仕事の進みぐあいについて確認する	45	職場に気まずい雰囲気があるとき、それを解消する
16	部下の能力を最大限に引き出す	46	部下の立場を理解する
17	業務上の決裁をすばやく行う	47	部下の仕事が時間内に終わるように努力する
18	地位にふさわしい専門的・技術的知識を持っている	48	部下が意見や考えを言いやすい雰囲気をつくる
19	三六協定が起こらないよういろいろと気を配っている	49	自らの研修機会をきちんとする
20	仕事に対して明確な方針を持っている	50	部下に明るく接する
21	打合わせや会議を効果的に運営する	51	仕事の上で感情的にならない
22	その日の計画を立てることを過去の反省点を活かす	52	部下の都合の悪いことを早めに対応する
23	部下の進め方について具体的なアドバイスをする	53	部下の主張、意見を貫く
24	いつでも新しいものへの挑戦する意欲を持っている	54	部下の相談には気軽に乗る
25	上司や他部門に言うべきことはきちんと主張する	55	そうした部下みんなの前で叱らない
26	結果がうまくいかないとき、徹底して原因を明らかにする	56	部下の仕事を客観的に私情を交えず評価する
27	部門全体のやり方と、徹底して理解・学習している	57	部下のアイディアを業務に生かす
28	アイディアに満ちた独創的な企画を打ち出す	58	失敗の責任を部下のせいにしない
29	将来の見通しをはっきり示す	59	自分の考えを部下に押しつけない
30	仕事の優先順位をはっきりさせる	60	その場しのぎの指示や命令をしない

Copyright©YOSHIDA, Michio

図4-17　看護管理者のリーダーシップ・チェックリスト

> **いま、私たちに求められるAction探し…**
>
> ・Step 1
>   "私にとって大事だ"と思うことに ○ を付けます。
>   さらに、"いま、自分に求められている"ことを ◎ にアップします。
> ・Step 2
>   ◎ の中からBest 5を選んでシールに転記します。
> ・Step 3　ここからGroupで
>   背景説明：私がこれを選んだのは…
>   　　　　　（優先順位を付けて）
> ・Step 4
>   私たちのBest 5を選びましょう。
> ・Step 5　ここから個人で
>   私のBest 3を選びましょう。

図4-18　"自分に求められているリーダーシップ行動の探求"のStep

いてみていくことにしよう。

　それまで提供した様々な情報によって、参加者たちはリーダーシップが「行動」であり、自分の努力で「改善できる」ことを了解している。しかし、その具体的な行動については十分な情報をもっていない。そこで「リーダーシップ・チェックリスト」が登場するのである。これをもとにして、「自分に求められているリーダーシップ行動」を探っていくことになる。その標準的な流れをまとめたものが、図4-18である。全体を構成する5つのステップについて見ていくことにしよう。

1) Step 1

　はじめにリストアップされた60の行動から「自分にとって大事だ」と思うものを選んで「○」を付けていく。このリストは現実の職場で部下が「管理者に期待する行動」として挙げた生の声をベースにつくられている。それらを企業や看護職の管理者、さらには教師などの職種別に分類して提示しているため、参加者にとって現実感がありチェックされる項目も多くなる。

そこで項目をさらに絞っていくために、「いま、自分に求められていること」という条件を加える。「大事だ」と思うだけでなく、「いま求められていること」がキーワードになるわけだ。それを「○」から「◎」に格上げして項目の集約を図る。

2）Step 2

こうして最初の60項目はかなり絞られるが、それでも「期待されている行動」がまだ20個を超える者が少なくない。それは管理者たちが自分自身に対して多くの行動を課していることの表れだといえる。しかし、一度に多くを求められても、それを実行することはむずかしい。そこで、これをさらに5つの行動に厳選してシール1枚に1個ずつ転記していく。

3）Step 3

ここからグループ活動に入るが、メンバー構成は第1日目のグループワークと同じである。メンバーは5つの項目を書いたシールを読み上げながら、それを選んだ背景を説明する。その際、単調になるのを避けるために1人が1枚ずつ優先順位の高いものから提示していく。こうした手続きをとおして、自分の課題を他者に理解してもらうことができる。さらに、課題を言語化して他者に伝えることで、問題を改めて整理するのである。そして、個々の説明に対して、1人は質問するかコメントするように促す。また、同じ行動を選択した者がいた場合は発言の順番を飛び越すといった「ゲーム」的な要素を入れるのもおもしろい。その結果、最後まで手持ちのシールが残ってしまう者も出てくるが、それはそれで一気にまとめて説明すればいい。こうした「遊び」を入れることも「トレーニング」をスムーズに進めるために役に立つ。

4）Step 4

全員の背景説明が終わると、今度はグループ全体で「Best 5」を選ぶ時間を設ける。これによって、メンバー個々人がもっている課題を「自分たちの課題」として共有化し、その解決に向けた議論を促進することになる。

この議論の経過や結果をまとめてグループとして全体に発表することで、「リーダーに求められている行動」が参加者たちに共有化される。

また各グループで選択された項目を集計し、選択数によるランク表をつくることもある。この場合も、参加者たちから共通して選ばれた行動が明らかになり、リーダーとしてとるべき具体的な行動のヒントが得られる。

また参加者数によってはグループ数が多くなることもある。そうした場合は個々のグループが発表する時間がとれなくなる。その際は、3グループ程度をまとめていくつかの単位をつくり、そのなかで発表することもある。

さらに時間が厳しいときは、このステップそのものをカットする。いずれの方法をとるかはそのときの状況に依存している。

5) Step 5

ここで再び個人のレベルに戻って、「自分のBest 3」を決定する。すでに自分で5項目を選択しているのだが、グループワークを経て別の行動が選ばれることもある。それはグループによるディスカッションの成果なのである。

これでいよいよ個人の行動目標を設定する準備が整った。

➡ 行動目標の設定

基礎研修の終わりに、職場で実践する「行動目標」を設定する（図4-14のC）。すでに選択している「自分のBest 3」を、行動目標が備えるべきポイントに従って整理する（図4-19）。それは、①いま、自分に求められている行動であること、②いまの自分にできること、③職場で一緒に働いている周りの人に見えること、の3点である。

①「いま、自分に求められている行動」に関しては、「リーダーシップ・チェックリスト」をもとにして「自分に期待されている行動」を選択したのだから、「Best 3」はこの条件を満たしている。ただし、厳密

行動目標の設定
Challenge 3か月　　□月□日～□月□日

- いま、私に**求められている**こと
- いまの私に**できる**こと
- まわりの人に**見える**こと

自分語への翻訳「～する」
"既製服"から"注文服"へ

"部下とのコミュニケーションをよくする"
- 1日3人には自分から先に挨拶する　（Aさん）
- 1日に2人をほめる　（Bさん）
- 指示した内容を部下の言葉で復唱させる　（Cさん）

図4-19　行動目標設定のポイント

にいえば、リーダーシップは「実際の部下」から「期待」されている行動である。提示された「チェックリスト」から選択した場合、「Best 3」は参加者が「想定」したものになる。しかし、ここではそれを「部下から期待されている行動」だと考えることにする。リーダーシップを改善するために部下からの生の声が欠かせないとなると、トレーニングそのものができなくなる。

それに続く②「いまの自分にできること」も欠かせない要件である。どんなに理想的な目標を立てても、実践できなければ「絵に描いた餅」になってしまう。少なくとも一定の期間は自分自身が「できる」という確信をもって目標達成に努力する必要がある。なお、実践期間は「フォロー研修」までになるが、それをほぼ3か月間として設定することが多い。

さらに、③「職場で一緒に働いている周りの人に見えること」によって、実践活動の評価が可能になる。参加者がリーダーシップの改善に努めても、職場のメンバーから認知されなければ意味がない。そしてその評価が「基礎研修」からほぼ3か月後の「フォロー研修」で重要な役割

を果たすのである。

　こうした条件を考えながら「行動目標」を決めることになるが、ここでさらに「自分語への翻訳」が必要になる。この時点で選択している3つのリーダーシップ行動は一般的なことばで表現されている。たとえば、「部下とのコミュニケーションを良くする」といった具合だ。それはそれとして重要なのだが、その実現のためにとる具体的な行動がはっきりしていない。チェックリストから選んだ項目をそのまま「行動目標」にしても職場では実践できないのである。そこで、上の例であれば「自分が部下とコミュニケーションを図るにはどんなアクションをとればいいか」を考えることになる。リストの内容を「自分語に翻訳」するわけだ。あるいは「既製服」である項目を自分の体にぴったり合うように「注文服」として仕立て直すのである。そこでスライド（図4-19）で過去に成功した事例を提示する。「挨拶」や「ほめる」こと、「復唱させる」など、それぞれの参加者が自分の状況に合わせて「翻訳」していることがわかる。このサンプルは職種や地位によって違ってくるため、それに応じたものを準備している。こうした流れのなかで、参加者たちは自分に合った目標を立てていく。

　ところで、参加者たちが決める「行動目標」は、その範囲も水準も様々である。しかし、「基礎研修」の時点では、内容のレベルは問わないことにしている。何はともあれ、「これまでしていなかった」あるいは「できていなかった」行動を「職場で実践する」ことを最も優先すべきだからである。

　教育や研修を担当する責任者たちから「トレーニングで決めた行動目標のレベルが低い」という嘆きの声が聞かれることがある。それ相応の時間と経費をかけたのだから、それなりの意思決定をして帰ってきてくれると期待していたわけである。その気持ちは理解できるのだが、考えようによっては「そのレベルの行動」すらできていなかったのだ。はじめからしっかりした行動目標を設定できるのであればトレーニングは必要ないことになる。もちろん、その内容は時間と経験とともに成長して

いかなければならない。そうしたレベルアップの糸口をつかんでもらうために、「基礎研修」だけで終わらずに、「フォロー研修」をペアにしているのである。

→ 行動目標実践の自己決定

目標が決まったら、3つの目標を改めてシールに転記する。そして、それを「行動目標シート」に貼り付ける（図4-20）。シートには「リーダーシップの改善にはエクササイズが欠かせない」という、いわゆる「筋肉運動論」の立場から、「わたしの"筋トレ"メニュー」というタイ

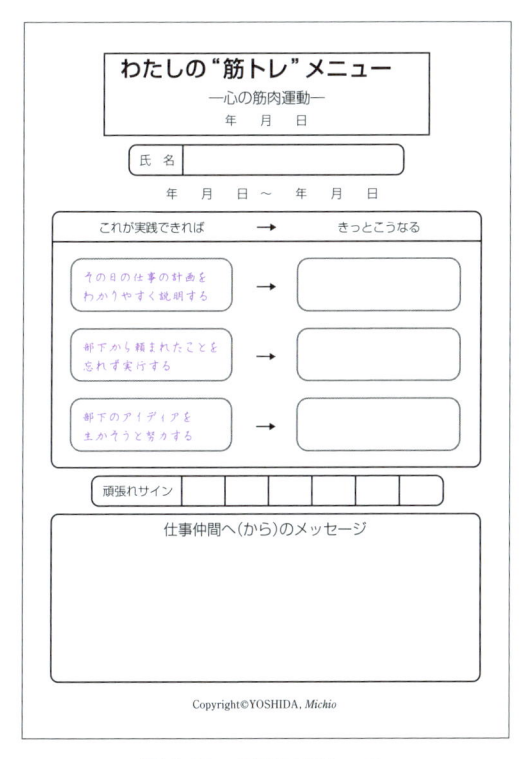

図4-20　行動目標シート

トルを付けている。タイトルの下にある日付欄には、メニューを作成する「基礎研修」の最終日を入れる。さらに自分の氏名と「実践期間」を書き入れる。スタートする日は特に事情がない限りトレーニング終了後、職場に帰った日とする。

期間の終わりは3か月後にしており、「フォロー研修」の前日までとする。「フォロー研修」を実施しない場合でも、やはり3か月程度が適切だと考えている。すでに述べたが、行動目標を実践する効果的な期間についての科学的な根拠はない。3か月はあくまで経験的なものであるが、職場で新しい行動を試みるのだから、本人だけでなく周りの人たちもしばらくは様子を見たいと思うだろう。それがしっかり実践されれば、職場そのものにも変化の兆しが見えはじめる。そこではじめて部下たちの評価も定まってくる。こうした観点から、「基礎研修」と「フォロー研修」の間隔も3か月間を設定しているのである。

「行動目標シート」に3枚のシールを貼り付けるが、その右側の欄に「きっとこうなる」という枠を用意している。ここには「行動目標」を首尾よく実践できたとき、「職場のどこがどう変わるか」についての予測を書き込んでおく。最終的な変化の状況がイメージできれば、実践の途上であっても「目標の達成に近づいている」ことを実感できる。それがさらに目標行動を実践する意欲を高めるのである。この欄もトレーニングの時間帯に記入することが多いが、状況によっては職場に帰ってからじっくり考えてもいいことにしている。

さて、その下には「頑張れサイン」の欄がある。各人が決めた「行動目標」をグループメンバーたちの前で宣言し、それに対してほかのメンバーたちが「頑張れ」という気持ちを込めてサインをする。

これは第1章で紹介した「集団決定法」における「自己決定」に当たる。リーダーシップ・トレーニングにおいてもこうした「宣言」がその後の実践にプラスに働くことを期待するのである。各自が「行動目標」を実践する意思をメンバーの前で表明し、みんなから「頑張れーっ」と声をかけられサインをもらうというストーリーである。もちろん、その

効果を客観的に評価することはむずかしい。しかし、トレーニングではそうした雰囲気のなかで参加者たちが目標を達成する意欲を高めることを期待するのである。

「行動目標シート」の最下段は「仕事仲間へ（から）のメッセージ」である。基礎研修を終えて、職場で行動目標の実践にチャレンジすることになる。そこで、しっかり頑張るという気持ちを込めて部下たちに伝えるメッセージを書いておくのである。あるいは、自分が決めた行動目標を部下たちに伝えて、彼らからメッセージをもらうのもいい。この場合は、自分で決めた「行動目標」を伝えることが前提になる。これに対して、部下たちには何も言わずに実践したあとで、自分の行動変化の効果を確認するという選択肢もある。

「基礎研修」終了時に「決めたことは部下たちに言わないといけないのですか」と質問されることがある。そのときは、個人の判断に任せるが、部下たちの前で「宣言」することで実践に対する適度の緊張感が生まれるだろうと答えている。部下たちに「行動目標」が伝わっていれば、「しっかり頑張ってますね」といった声掛けをしてくれるかもしれない。それが実践しようという意欲を高めることも期待できる。いずれにしても、参加者たちは「フォロー研修」まで、職場での「行動目標」達成にチャレンジしていくことになる。

「行動目標シート」を記入し、メンバー同士で実践への決意を「宣言」したところで「基礎研修」が終了する。

7. 職場での実践とリーダーシップ・チェック

→ 「見えてますか」シート

　「基礎研修」からほぼ3か月が経過し、「フォロー研修」が近づいてきた頃に、職場において「リーダーシップ・チェック」とよぶ調査を実施する。これによって参加者たちの「行動目標」が達成されたかどうかを評価するのである。その際に使用するのが「見えてますかシート」である（図4-21）。

　このシートについての解説は、調査の要領とともに「基礎研修」終了時に済ませておく。回答者は参加者たちの部下である。部下に自分が実践した行動が「見えている」かどうかをチェックしてもらうわけだ。上役が部下に回答を求めることに抵抗がある場合を考慮して、シートの「前書き」にはトレーニングの責任者名による「依頼文」を入れているが、これは必須ではない。シートの年月日は部下たちに回答を依頼した日、名前は参加者自身のものである。その趣旨が十分に理解されずに、名前欄に回答者名を記入するというエラーが発生したことがある。これでは信頼できる回答が得られないおそれがある。こうした事態を避けるため、名前の欄は削除することもある。ただし、その際は回答者が誰の行動を評価するのかを明確にしておかなければならない。

　その下の欄には各人が「基礎研修」で決めた「行動目標」を入力する。回答者は最下段にある「回答選択肢」を見ながら、回答欄の該当する数値に○をつける。マークするだけにしているのは匿名性を保証するためである。部下が「上役のことだから答えにくい」「低い得点にすると、これから先がうまくいかないのではないか」といった心配をするようでは正しい評価は得られない。そこで、匿名性を高めるため、「見え

わたしのアクション

見えてますかシート

職場のみなさん、わたしは「リーダーシップ研修」で、自分のリーダーシップを改善するために、下にあげた3つのことを実践しようと決めました。しっかりがんばっているつもりですが、みなさんに見えているかどうかを確かめたいと思います。

まもなく実施される「フォロー研修」で大切な資料になりますので、回答にご協力ください。

その成果は元気で安全な職場づくりに大いに役立つと考えていますので、よろしくお願いします。

年　月　日	氏 名	

回答方法：それぞれのわたしたちの行動はみなさんに見えていますか？
下の選択肢から最も当てはまると思う意見の番号に○をつけてください。

	実践すると決めた行動	評価番号
1	その日の仕事の計画や内容をわかりやすく伝える	1 2 3 4 5
2	部下から依頼されたことをすぐに実行する	1 2 3 4 5
3	仕事の専門性を高める努力をいつもしている	1 2 3 4 5

回答選抜肢

5. とてもよく見えている　(いつもしている)
4. かなり見えている　(かなりしている)
3. ある程度、見えている　(ある程度している)
2. いまーつ見えない　(あまりしていない)
1. ほとんど見えない　(ほとんどしていない)

図4-21　「見えてますか」シート

てますかシート」を部下たちに配布する際に、回答を入れる封筒を準備する。さらに、回答後の封筒をより大きな封筒に一括して入れて上役に渡すことにすれば、部下たちはより率直に回答できる。

そもそも自分のリーダーシップについて日頃から部下たちとストレートに話ができていれば、こうした調査をする必要はない。しかし、職場で満足できるコミュニケーションを実現することは至難の業である。むしろこのような地道な「試み」を積み重ねていくことで、最終的には「ストレート・コミュニケーション」ができる関係が築かれていくのである。

部下たちが回答した「見えてますかシート」を回収すれば、「フォロー

研修」の準備が整ったことになる。回答は封筒に入っているため、参加者は部下がどのような評価をしたのかわからない。

フォロー研修

第5章

1. フォロー研修のスタート

→ オリエンテーション

いよいよ「フォロー研修」が始まる（図5-1）。

「基礎研修」から3か月ぶりの再会ということで、オリエンテーションのタイトルは「お久しぶりです」である。この期間中に起きた世の中の出来事なども材料にしながらウォーミングアップを図る。

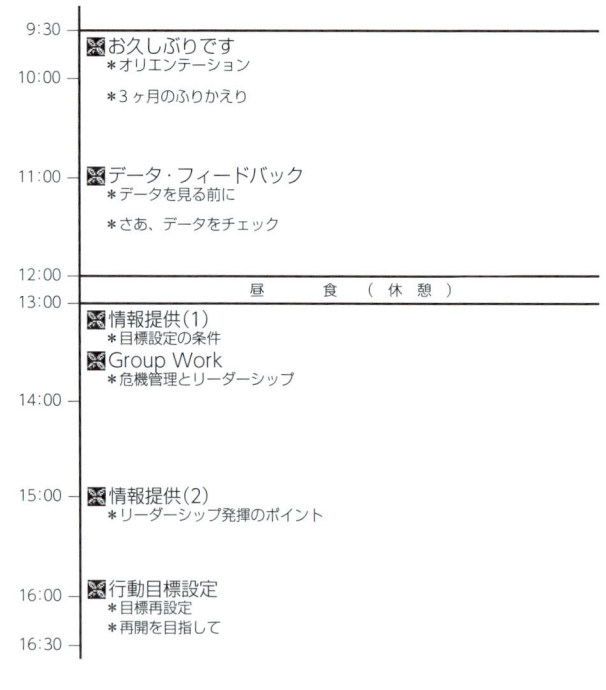

```
9:30  ────────────────────────────────
      ✻お久しぶりです
10:00   *オリエンテーション
        *3ヶ月のふりかえり

11:00 ✻データ・フィードバック
        *データを見る前に
        *さあ、データをチェック

12:00 ──────────────────────────────
      　　　　昼　食　（休　憩）
13:00 ──────────────────────────────
      ✻情報提供(1)
        *目標設定の条件
      ✻Group Work
        *危機管理とリーダーシップ
14:00

15:00 ✻情報提供(2)
        *リーダーシップ発揮のポイント

      ✻行動目標設定
16:00   *目標再設定
        *再開を目指して
16:30
```

図5-1　フォロー研修のスケジュール

リーダーシップや対人関係に関しては話題に事欠かない。テレビや新聞が取り上げた話題はいずれもウォーミングアップで使える。3か月もあれば対人関係にまつわる信じられない事件、組織のとんでもない事故や不祥事が起きる。もちろん、世の中に感動を与えるプラスのニュースもある。多少は四方山話的な感じのものもあるが、いずれにしても、「またここでしっかり学んでいこう」という気持ちになるような話題を選択する。

そのうえで、「基礎研修」から「職場での実践」、「実践行動に対する『見えてますかシート』のチェック」、そして「フォロー研修」に至るまでの流れを確認して本番に入る。

➡ 3か月後の振り返りと情報交換

「フォロー研修」における参加者たちの仕事は、「実践行動のふりかえりシート」への記入からはじまる（図5-2）。

最初に「基礎研修」で決めた「行動目標」を書き込み、それぞれの実践度について評価する。ここでは5段階尺度を用いているが、100点満点で採点することもある。これまでの体験ではどちらを使っても大きな違いはない。それが済んだところで、そうした評価をした理由を書いていく。この3つのステップを踏むことで、「行動目標」を「自己評価」したことになる。

それから実践期間中に「自分が変わった」と思うことについて振り返る。「変化があった」と思う内容とその「理由」をまとめる。

さらに、「職場の状況や周りの人たちの変化」にも焦点を当て、やはりそうした変化が起きた理由について分析する。

全員が「ふりかえりシート」に記入し終えてから、グループ分けをする。グループの構成は「基礎研修」と同じにする。メンバーたちは「基礎研修」でリーダーシップのあり方を一緒に考えた。そして、個人で決めた「行動目標」の実行を宣言し、「頑張れサイン」を交換した仲間で

実践行動のふりかえり

【　月　日】　名前

さて、あなたが目標を決めた日は　月　日でした。
そのとき、あまたはどのようなことを決めましたか(チェック項目)

1.
2.
3.

それぞれの実践行動について、該当する選択肢に○をつけましょう。

目標1	目標2	目標3
5. 非常にうまく実行できた	5. 非常にうまく実行できた	5. 非常にうまく実行できた
4. かなり実行できた	4. かなり実行できた	4. かなり実行できた
3. だいたい実行できた	3. だいたい実行できた	3. だいたい実行できた
2. あまり実行できなかった	2. あまり実行できなかった	2. あまり実行できなかった
1. 実行できなかった	1. 実行できなかった	1. 実行できなかった

どうして上のような評価になりましたか。その理由を書きましょう

1.
2.
3.

この3ヶ月で、あなた自身が変わったと思いますか　｛　はい　いいえ　｝

「はい」と答えた方は、どんなところが変わりましたか。

どんな理由で変わったと思いますか。

この3ヶ月で、職場の状況や周りの方々は変わったと思いますか　｛　はい　いいえ　｝

「はい」と答えた方は、どんなところが変わりましたか。

どんな理由で変わったと思いますか。その結果どうなりましたか。

図5-2　実践行動のふりかえりシート

ある。その意味で「フォロー研修」はメンバーたちが再会する場になるわけだ。そこでお互いに、「うまくいった」「ちょっとむずかしかった」「自分が変わった」「周りが違ってきた」などの情報を交換する。こうしたなかで、メンバーたちは「フォロー研修」も有意義なものにしようという意欲を高めるのである。

ただし、同じメンバーでグループを構成することがむずかしくなるケースもある。特定の組織を対象に行うトレーニングでは、「フォロー研修」への参加も含めた研修計画が立てられている。そのため、一方の研修しか出席しないという問題はほとんど起きない。ところが、メンバーが複数の組織から参加しているオープン形式の場合には、その後の状況変化

などで参加できなくなるケースも出てくる。これまでの経験では、その人数は1割にも満たないが、それでも「基礎研修」時のメンバーがそろわないことになる。「基礎研修」で6名の構成だったグループであれば、1名欠席でも5名だからグループワークを行うことができる。しかし、これが4名になるような場合はグループのパワーが弱くなってしまう。その結果として研修効果の低下が心配される。また、メンバー数が4人と6人では2人の差があり、その影響がグループワークに取り組む時間差として現れる。

　こうした問題が起きないようにするためグループの再構成を考える必要が出てくる。「フォロー研修」のスタート時は参加者たちは講義形式の座席に着いている。そこで出席状況を見ながらグループを「再構成」するかどうかを判断する。

　「基礎研修」と「フォロー研修」を組み合わせたコースを設計した当初、筆者は「同じグループ」にすることを重視していた。したがって、「グループの再構成」はあくまでやむを得ない対応策だった。しかし、現実に「再構成」しても特に問題は起きなかった。それどころか、「さらに多くの知らない人と交流できた」と、「再構成」を評価する参加者の声が聞こえてくることもあった。こうした体験をもとに、現在では状況に応じて「フォロー研修」のグループを構成している。

　ところで、「ふりかえりシート」の後半では「自分」や「周り」の変化を記入することになっている。「基礎研修」から3か月しか経過していない時点で、「変化」について書くことはむずかしいのではないかとも考えた。その予想どおり、メンバーのなかには「職場の状況や周りの人たちの変化は感じられない」といった発言をする者もいる。しかし現実には、参加者たちは特に「自分が変わった」点について、われわれが想像した以上に書き込んでいく。「周りの人たちの変化」にしても、「いまのところ、はっきりとは見えないがその兆しが感じられる」といった表現をする参加者もいるのだ。

　これらはすべてが「自己評価」である。したがって、その客観性が保

証されているわけではない。しかし、人の意欲や満足度は「自己評価」によって大きな影響を受ける。そして、それがエネルギー源になって行動や態度の変化を引き起こしていくのである。メンバーがプラスの変化を報告しているのを聞いたときは、すかさず寄っていって「なかなかいい感じですね」と声をかける。ささやかだが、こうした細かいサポートが人を前向きにするのである。

　「実践のふりかえり」についての情報交換を終えてから、各グループがその内容を発表する。これに対してトレーナーがコメントする。このとき、複数のグループから出される様々な情報に対して適切な解説をすることが求められる。ここで参加者たちに「なるほど」と思われれば、その後の流れがスムーズになる。

　さらに、「3か月の振り返り」を受けて、リーダーシップを改善する際に求められるポイントについて情報を提供する。ここでは、「行動を変える4つの信念」というタイトルの題材を話しことばで紹介しよう。

❝　皆さん、リーダーシップを改善するために様々な努力をされてきたわけですが、ここで「行動を変える」ためにもっていただきたい「4つの信念」についてお話したいと思います。

1）適度の危機意識

　行動を変えるためには「適度の危機意識」をもち続けていたいものです。ひょっとすると、私たちの心のなかにはラクダが住みついているのかもしれません。それは「今のままが楽だ」「何もしないほうが楽だ」という2頭のラクダです。皆さんは大丈夫ですか。そんなラクダはすぐにでも動物園に引き取ってもらいましょう。そうそう、私たちの行動にはニュートンの「慣性の法則」も働いているような気がしませんか。外から力が働かない限り「静止しているモノはじっと動かない」。そして、「等速で動いているモノは、そのまま運動を続ける…」。これが慣性の法則ですが、ここで「モノ」

を「者」に入れ替えれば、まるでわれわれの日常生活を見ているようではありませんか。外から強制されなければ、じっとして自分の行動を変えようとしない人。「これしかない」と思ったら、状況の変化や人の意見などお構いなしにひたすらわが道を行く人。皆さんの周りにこんな人はいませんか。ニュートンは万物の霊長である「人間」行動の法則まで発見していたわけです。もっとも、この仮説はニュートンが「モノ」と「者」という日本語を知っていたという条件付きですが…。

ともあれ、「今のままでいい」といった気持ちでは行動も変わりようがありません。「これではいけない」といった危機意識が人を動かすのです。もちろん、ものごとは程度の問題です。「危機意識」も「適度」でないといけません。いつも「危ない危ない」と騒いでいるとストレスが高まるだけです。私たちは一定の時間が経過するとお腹が空きます。これも体が発する「適度の危険信号」なのです。「このまま何もしないと危ないですよ」と知らせてくれているんですね。それを感知して私たちは生きていくために食事をするわけです。

ところが、日常の行動の場合は体と違っていつも明確な危険信号を発するとは限りません。だからこそ、私たちには「現状の問題」に気づく感受性が欠かせないのです。そして、適度な危機意識がこれまた適度な緊張感を生み出します。それが個人だけでなく、人間で構成される組織を成長させるエネルギーになるのです。

2） 行動が改善できることを信じる

さて行動の変化に求められる次の条件は「行動が改善できることを信じる」ことです。「どうせ生まれつき」「もともと性格だから…」。こんな発想でいては変わるものも変わりません。赤ちゃんを見てください。生まれたときから身についている行動は呼吸をする、泣く、おっぱいを飲む、手足を動かすくらいのことでしょう。もちろんおっぱいを飲むだけでなく、それを消化し排泄する働きなども

あります。こうした生得的な行動は生きていくために必要ですから、練習しなくても身についています。しかし、おっぱいを飲むことだって、だんだんうまくなるものです。心臓にしても努力次第で「毛が生える」というのは冗談ですが、人の前でものが言えず赤面するのが気になっていた人も、経験を重ねていくうちにそれを克服することもできるわけです。赤ん坊を見ていると一生懸命に努力していることがたくさんあります。生後1年くらいになると、手を振って「バイバイ」するようになります。もちろん「バイバイ」の意味はわかっていません。周りの大人たちが勝手に喜んでいるだけではありますが…。足のほうはいまひとつで、まだ歩くにはほど遠い感じでしょう。もちろん、本人は「もっとしっかり歩きたい」と日本語で考えているわけではありません。それでも、とにかく「歩きたい」という心のエネルギーが伝い歩きを上達させていくわけです。そしてそのうちしっかり歩くようになります。私たちの行動を振り返ってみると、何の努力もせずに身についたものなどありません。生まれたときから自転車に乗れる人間などいないですよね。ことばを流暢に話す赤ん坊だっているはずがありません。すべては意識的な練習、努力の繰り返しによって獲得した成果なんです。「やってもしようがない」ではなく、「やってきたから」いまがあるのではないですか。「行動は改善できること」をしっかり信じましょう。

3）変わるのは自分のため

　さて、「行動変容」にかかわる第3番目のポイントは、「変わるのは自分のためだ」という視点です。「情けは人のためならず」といいます。「人と人の間には思いやりが大事だ。人に情けをかけていれば、自分が困ったとき他人から思いやりのある対応をしてもらえる。だから、情けをかけるのは人のためではなく、実は自分のためなのだ」。そんな意味なんですね。「自分の行動を変える」のも、やはり「人のためならず」と考えたいものです。「部下に変われ変われと言うだけではダメですよ。あなたのほうが先に変わることが期

待されているんです」。職場のリーダーなら耳にたこができるほど聞かされるセリフでしょう。

　しかし、こんなことばかり言われていると自分の巡り合わせの悪さを嘆きたくなります。「やれやれ。私が若いころは上役の命令は絶対だった。ようやく役職についてこれからは部下たちをしっかり鍛えるぞと張り切っていたのに、今度はお前たちが変われだって。昔とは違って、いまは部下さまさまの時代ってことか…」。かなり前のことですが、製造の最前線で指揮を執る職長や作業長とよばれる方々からこんなため息混じりの声を聞いていました。そして、最後は「部下のために自己を犠牲にしろってことか」となってしまうわけです。しかし、「自己犠牲の精神」だけでは身も心ももちません。そうではなくて、自分の行動を変えることは、「他人のためならず」と考えてはどうでしょう。こちらが行動を変えれば、それに対応して部下や職場のメンバーたちの評価も変わるに違いありません。そして、「あなたがリーダーで本当によかったと感謝しています」「しっかり楽しく仕事ができます」「私が責任をもつようになったら、あなたのようになりたい…」。そんなことを言われれば、リーダーとしても無上の喜びを感じるでしょう。まさに、「行動変容は他人のためならず」なのです。

4）変わるのは自分の使命

　最後に「行動を変えるのは自分の使命だ」と考えていただきたいですね。「使命」とは与えられた重大な任務を果たすことです。何といっても「天から送られた使者」なんです。そこまで言うと大げさなようですが、リーダーにはそんな気持ちで自分を変えることに力を注いでいただきたいわけです。そうした意識が自分を変えていくことに繋がるのです。それだけではありません。その変化が周りの人たちに影響を与えて、組織全体の変化を引き起こしていきます。そんな大きな変化をもたらす最初のきっかけが自分であることを誇りにしようではありませんか。

2. データ分析

→ データ分析の準備

　参加者たちは部下が回答した「見えてますかシート」が入った封筒を持参している。それをいよいよ開封することになる。ただし、結果を分析する前に若干の準備が必要で、そのために、「リーダーシップ・チェックシート」を配布する（図5-3）。

　シートに記入方法が書かれている。まず①自分の「名前」を記入し、その右にある「回答者数」に参加者が持ってきた「見えてますかシート」の枚数を記入する。次に、「実践した行動」の欄に各人の「行動目標」を転記する。

　それから②「予測と実際」の欄に移るが、この部分は上下2段になっており、上の段に参加者は部下の回答を選択肢単位で予測する。たとえば、10人の部下のうち、「最も高い5は3人で、次いで4が5人。おそらく3も2人くらいはいるだろう」といった具合に、自分の行動に対する部下の回答者数を「1〜5」の下に記入していく。すでに見たように「見えてますかシート」はそれぞれの行動について5段階で評価することになっている。これはあくまで予測であるが、いわばリーダーとしての「自己評価」にあたる。

　その右には③平均値と④バラツキをチェックする欄がある。提示している計算法を使って平均値を算出する。少し面倒だが、携帯電話には電卓機能があるから、それを利用すれば3項目だとあまり時間はかからない。バラツキを統計的に分析する際は標準偏差を用いるが、ここではそれほどの厳密さを求めるは必要ない。リーダーシップ行動の改善のために、平均値だけでなく部下評価のバラツキを押さえることの重要性が認

リーダーシップ・チェック表

名　前		回答者数	

■あなたが目標としてお決めになったリーダーシップ行動を分析します。

実践した行動	予測と実際 1　2　3　4　5	平均　バラつき
1.		
2.		
3.		

1）"名前"と"回答者数"を記入し、あなたが実践した行動を転記します。

2）回答の分布を予測してみましょう（上段）。

3）平均値を計算します。
　平均値→（選択肢の数値×人数）を合計して、回答者の数で割る。
　　例：2（回答選択肢）×3（人）＋3×4（人）＋4×3（人）＋5×2（人）＝40
　　　40÷12（人）＝3.3（平均値）

4）ばらつきをチェックしましょう。
　→回答がどのくらい「バラついて」いますか。
　　「平均値」と「ばらつき」はどんな意味を持っているのでしょうか。
　回答が、
　　①1つの選択肢に集まっている　→0
　　②連続する2つの選択肢　→小（1と2、2と3、3と4、4と5）
　　③連続する3つの選択肢　→中（1と2と3、2と3と4、3と4と5）
　　④連続する4つの選択肢　→大（1と2と3と4、2と3と4と5）
　　⑤回答が連続していない　→大（1と3…、2と4…、3と5…）

5）いよいよ封筒を開けて実際のデータを見ましょう。
　下の段に転記していきます。まずは原票に「正」の字でメモを…
　→平均値の計算とばらつきのチェック

《分析の視点》
　◆いくつかの視点からデータを分析しましょう
　　①回答の平均値は：高い、中くらい、低い
　　②予測値とのズレ：予測－結果　→＋、0、－
　　③部下評価のバラツキ：0、小さい、中くらい、大きい
　　④中間反応（選択肢3）の人数：
　　　0、少ない（20%以下）、中くらい（20〜30%）、多い（30%以上）
　◆ご自分で分析の視点についてアイディアを出しましょう

図5-3　リーダーシップ・チェックシート

識されれば十分なのである。そこで、「平均値とバラツキ」についても簡単に解説を加える。これも話しことばで追ってみよう。

皆さん、ここで「平均値とバラツキ」について考えてみましょう。まずは、このスライド（図5-4）を見てください。これは10人の部下からの回答をお持ちの方の場合だと考えましょう。ご覧のように全員が「3」と答えています。この平均値は…。そうです3ですね。それではこちらはどうでしょう。「1」と「5」の部下が5人ずついます。「2〜4」と答えた人はまったくいません。かなり極端な評価ですが、平均値は…。そうなんです、この場合もやはり「3」

1	2	3	4	5
		10		
5				5
2		6		2
2	2	2	2	2
3	2		2	3

図5-4　「平均値」と「バラツキ」

ですね。もうあとは同じことです。「1」と「5」が2人ずつ、「3」が6人でも、「1〜5」まで2人ずついても、とにかく平均値は「3」になるんです。「同じ平均値」であっても、部下に対する対応はまるっきり違ってきます。全員が「3」であれば、みんなに同じ働きかけをしっかりすれば、リーダーに対する評価も改善されるでしょう。しかし、「1」と「5」に分かれているとそうはいきません。すでに「5」の部下はこれまでどおりでいくとして、「1」のほうにはかなりのエネルギーを使わなければなりません。しかも、それに気をとられていると、「5」と評価してくれた部下たちが「われわれをかまってくれなくなった」と不満をもらすかもしれません。そうなると、今度は「5」が危うくなるわけで、上役はむずかしい立場に置かれることになります。

　このように、私たちは「平均値」だけでなく、回答の「バラツキ」もしっかり頭に入れてリーダーシップの改善を考えていかないといけないわけです。

こうした解説を加えてから、「バラツキ」を「リーダーシップ・チェックシート」に記入する。ただし、「標準偏差」のような厳密な指標ではなく直感的な「バラツキ」の度合いを「0」と「大中小」の4段階に分類する。

まず1つの選択肢だけに回答が集中している場合は「バラツキ0」になる。これが「連続する2つの選択肢」に広がれば「小」、「連続する3つ」になれば「中」、「4つ」だと「大」にする。また分布が「連続していない」ときは、「2つの選択肢」にしか回答がないケースも含めて一律に「大」にする。この最後のようなデータは「自己評価」ではほとんど見られないが、「部下評価」には出現する可能性はある。

　さて、こうした一連の準備作業を終えてから、部下からの評価が入っていた封筒を開けることになる。そしてその生のデータを集計し、「自己評価」の下の段に数値を記入する。これで、事前の「予想」と現実の「データ」が上下に並ぶ。そこで今度はその結果を分析する段階へ進んでいく。

▶ リーダーシップデータの分析

1）リーダーシップの分析シート

　部下からの評価結果を「リーダーシップ分析シート」（図5-5）を用いて分析していく。ここでは「データが語るものを正確にくみ取る」ことがポイントになる。

　まず最初に「自分が決めて実践した行動内容」を該当欄に転記する。次に、「1〜5」の回答結果を見ながら、「プラス反応」「中間反応」「マイナス反応」の3段階に分類する。「5と4」の回答数を合わせて「プラス反応」とする。「中間反応」は「3」の回答数そのもので、「マイナス反応」は「1と2」の合計である。

　実践結果を確認する「見えてますかシート」には、その行動を発揮している程度に応じて「5 とてもよく見えている（いつもしている）」から「3 ある程度、見えている（ある程度している）」の中間段階を経て、「1 ほとんど見えない（ほとんどしていない）」という選択肢が準備されている。こうしたことから、「5と4」を「プラス反応」、「3」を「中間反応」、そして「1と2」を「マイナス反応」と呼ぶわけだ。

回答が済んでから、こうした結果が得られた「理由」について考える。ここで提示した図5-5にはサンプルとして「会議で必ず発言する」ことをあげている。これに対する結果を見ると、「プラス反応」が回答者の半数を占めているものの、「中間反応」に「3人」、そして「マイナス反応」をした部下も「2人」いる。こうしたことを踏まえて、「自分としてはしっかり発言したつもりだったが、みんなから『なるほど』と思われる内容のものがなかった」と、その理由について分析している。

　そして、具体的な改善策について検討する。ここでは「現状を改善（維持）するために、わたしは…」という導入を付けて、それに文章を続ける形にしている。ここで、改善だけでなく（　　）を付けて「維持」

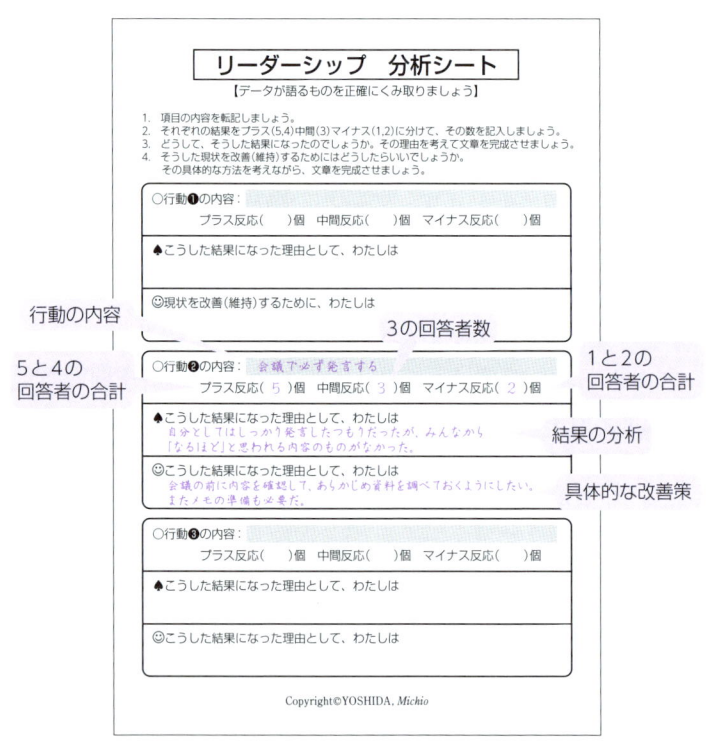

図5-5　リーダーシップ分析シート

を加えている。これは、得られた結果が「5や4」だけの場合、ある意味では「改善」する必要がないわけだ。そのときは、望ましい現状を「維持」する方策を考えることになる。

このように、3か月にわたる実践結果についての「部下評価」を分析することによって、自分のリーダーシップ行動に対する認識を深め、さらに新たな行動の改善への見通しを立てることができるのである。

2）分析のポイント

「分析シート」は「プラス反応」や「マイナス反応」のチェックをしながら作業を進めることになっている。しかし、部下から得られた貴重なデータであるから、最大限に活用してほしいと思う。そのために、「リーダーシップ・チェックシート」（図5-3）の最後に「分析の視点」として4点を挙げている。

①回答の平均値：高い　中くらい　低い

はじめに部下評価の「平均値」に注目する。評価は「5」や「4」が望ましいが、全員から「5」の回答を引き出すことはむずかしい。上役の同じ行動に対しても、部下の受け止め方に違いがあるのは自然なことである。また部下の人数も、その得点に影響する。一般的には人数が多くなれば、それだけバラツキが大きくなる可能性が高くなる。そう考えると、現実的には「4」ないしは、それに限りなく近い「3点台」が目標値になるだろう。実際に得られた結果をこれと比較することで、リーダーシップの課題とその対応策を検討することができる。

②予測値とのズレ

部下評価がある程度の得点を示していても、リーダーとして満足できるとは限らない。部下の回答を開封する前に、「リーダーシップ・チェックシート」で「部下の回答」を予測している。これは「予測」という形をとっているが、実質的には「自己評価」でもある。この両者に「ズレ」があれば、その原因を探る必要がある。ただし、「自己評価」が複数の部下からの評価と一致しないことはめずらしくない。リーダーと部下との関係はそうしたものである。しかし、だからといって「ズレ」を放置

していたのでは、様々な問題が起きる要因になる。それは職場活性化の障害にもなりかねないし、ミスや事故、さらには不祥事の原因にもなる。リーダーには部下評価との「ズレ」に気づき、それを縮小するために努力することが期待されているのである。

　ところで、「ズレ」を「自己評価－部下評価」で計算すると、結果は「＋」「０」「－」のいずれかになる。そこで、「＋」を「過大評価」、「－」を「過小評価」と呼んでいる。この２つの評価については「どちらのほうが望ましいのですか」と質問されることがある。日本人は「謙譲の美徳」を大事にするから、「過小評価」のほうが「控え目」でよさそうに思われるかもしれない。そして、「過大評価」は自分のことを認識できない感受性の低い人物のような感じがする。しかし、リーダーシップの評価に関しては、「＋」も「－」も「ズレがある」という点でまったく同じ課題を背負っていると考えたほうがいい。「過小評価」は部下の期待に応えていないということだ。「もっと自信をもってしっかり指導してほしい」。部下たちはそんな期待をしているかもしれないのである。もちろん、自分のことを「過大評価」して「もう十分やっている」などと思い込んでいるようでは部下たちのほうが欲求不満になる。

③部下評価のバラツキ

　すでに見たように、平均値が同じでも回答のバラツキが大きいことがあるわけだ。全員が「３」と答えている職場と、「１〜５」にばらついているところでは、リーダーの対応の仕方は根本的に異なるのである。「平均値」は自分の行動に対する部下の評価を代表するものではあるが、それだけに一喜一憂していては、真のリーダーシップ改善はできないのである。

④中間反応の人数

　最後に「３」の「中間反応」にも注意を払いたい。データを一見すると「プラス反応」が多く、しかも「マイナス反応」はまったくない。こうなると、「これでいいのではないか」とつい安心してしまう。しかし、よく見ると「３」の「中間反応」が、たとえば30％だった場合どう考え

るか。「中間反応」はあくまで「中間」だから、否定的な評価ではない。しかし、これは経験的な推測ではあるが、上役の行動を「5あるいは4」と評価している部下が「これで上役が調子に乗るとまずい」などと考えて、あえて「3」にチェックする可能性はほとんどないだろう。一方、「2」の評価が妥当だと思っている部下のなかには、「さすがに2ではまずいか」などと気を回して、「まんなかあたりにしておいたほうが無難だ」と「3」にチェックすることは大いにあるのではないか。それは考えすぎだとしても、「3」がある程度の水準、たとえば30％を超えている場合は、やはりリーダーシップに問題ありと受け止めて、その改善に取り組むことが求められるのである。

　こうしたポイントも参考にしながら、参加者たちは自分でデータを集計し分析を進めていく。

3）情報交換

　各人の分析が終了してから、その内容についてグループで情報を交換する。このなかで、誰もが似たような問題を抱えていることに共感したり、その解決に役立つアイディアを提供し合ったりする。リーダーシップの改善は個人的に取り組むべき課題ではあるが、こうした集団での情報交換によって、「今後もしっかりチャレンジしよう」という気持ちが高まってくるのである。

3. 情報提供(Ⅱ)

→ コメントとQ&A

　グループによる情報交換が終わってから、その内容を代表者が発表する。それに対してトレーナーがコメントを加えるが、そこで参加者たちから「なるほど、そうか」という反応を引き出す必要がある。すでに、トレーニングは「道具（instrument）」が大事であり、トレーナーもその一部であると指摘した。こうしたとき、幅広い観点からコメントできるかどうかで「道具」であるトレーナーの評価が決まる。

　グループからの発表とコメントが一区切りついたところで、リーダーシップの分析に関する「Q&A」の時間を設ける。ここでは質問されることが多いものを、その回答と合わせて挙げてみよう。

1）部下の人数は評価に影響を与えないか

　部下が多ければリーダーシップが発揮しにくいのではないかという疑問である。これは多くの部下をもち、その評価が低かった参加者から出される傾向がある。その答えは単純に「Yes」である。リーダーシップの公式については第2章で紹介したが、それによれば「リーダーシップ力＝（専門力×人間力）/フォロワーの人数」であった。「部下（フォロワー）の人数」が分母だから、これが大きくなればなるほど「リーダーシップ力」は小さくなる。したがって、「部下の人数」が多ければ、リーダーシップが発揮しにくくなるのは自然なのである。これを克服するには、分子の「人間力」を強化するしかない。もう1つの「専門力」の場合、ある程度の上限があるからだ。しかし、「人間力」にしても無限に大きくするわけにもいかない。そうなると、やっぱり「部下数が多いとリーダーシップは改善しにくい」ことになる。そうかといって、「だ

から仕方がない」と努力することを放棄すれば、リーダーシップ力は衰えるのである。「人数の壁はあるけれど、とにかくチャレンジし続けよう」。こうした気持ちがリーダーシップ力の改善に繋がる。

2）部下の性別は評価に影響を与えないか

　上司と部下の性別によって評価に違いが出る可能性はある。たとえば、金融機関やデパートなどでは女性の割合が多い。一般化できるほどのデータはもっていないが、筆者がかかわった調査では、男性の上役に対する評価は女性のほうが厳しい傾向があった。また、デパートでは以前から女性の管理職もいたが、彼女たちに対する評価にも男女差が認められた。その場合も、やはり男性より女性のほうが厳しい評価をしていた。看護職では、現時点では女性の上役と部下の組み合わせが圧倒的に多い。そうした職場での評価については、改めて分析してみる価値がある。いずれにしても、これまでの傾向が続くのであれば、女性の部下が多いリーダーは評価が低くなる可能性がある。しかし、いまや女性の社会進出が常識化し、女性の管理者も増加している。これまでの評価傾向が今後も続くかどうかわからない。それに、個々のリーダーとしては「女性の評価が厳しい」からという理由で「評価が低くても仕方がない」とあきらめていては改善の余地がない。現状に問題があれば、それを変えるための方策を探し出して行動に移すことのほうが大事なのである。

3）年上の部下にどう対応すればいいか

　年長者は年齢だけでなく経験も豊富であることが多い。そうした部下に対してはつい遠慮してしまう。その結果、部下からの評価が低くなるリーダーもいる。たしかに、自分よりも年上の部下に「指示や命令を与える」ことはむずかしい。しかし、自分がいまの立場にいるのは、それなりの経験と専門性が認められたからである。まずは、これだけはしっかりできるというところに自信をもつことが必要だ。そのうえで、年齢が上の人に対しては、経験や知識を尊重する「表現」を使いながら、「指示すべきことは指示する」というしっかりした姿勢で対応したいものだ。自分よりも部下の専門性が優れているところがあれば、それにつ

いては積極的に「教えてもらう」といい。うまくいけば、部下に追いつき、さらには追い越せるかもしれない。そのときも、教えてもらったことに対する感謝の気持ちを忘れない。そんな態度がお互いの関係をいいものにしていくのである。

4）いい加減に評価する部下にどう対応すればいいか

　なかなか興味深い質問である。部下評価の結果が低い場合や極端に低い複数の部下がいたときに出てきやすい質問である。評価は微妙なものだから、実際よりも「高い」回答をしている部下がいる可能性もあるのだが、その場合にはこうした質問は出てこない。やはり「低い」ことが気になるのである。ただ、頭から「いい加減」と決めつけてしまっては、その後の行動に結びつかない。そもそも、「みんながいい加減に答えているんですよ」と言われれば、その職場を知らないトレーナーが「そんなことないでしょう」などと無責任な発言をするわけにはいかない。そこはその気持ちを引き受けて、「それなら調査をするのは時期が早すぎたかもしれませんね。もう少し正直に回答していただくような関係をつくられてから再チャレンジしましょう」などと答える。これは聞きようによっては皮肉な答え方だが、部下が事実を伝えてくれることはリーダーシップを評価する前提条件である。いずれにしても、「いい加減だ」と否定的な判断をするのではなく、「しっかりやっているのにどうして通じないのか」、あるいは「どうしたら伝わるのか」を考えていくほうがはるかに生産的である。

▶ 情報提供（Ⅱ）

　「情報交換」のあとで出された質問に答えてから、リーダーシップにかかわる情報を提供する。ここでも時間をみながら題材を選択するが、そのなかから「リーダーシップは演技」「ミニカリスマを目指そう」「トップダウンとボトムアップ」を紹介しておこう。ここでも話しことばを使う。

まずは「リーダーシップは演技」から。

> これまで、リーダーシップが「行動」だということを繰り返してお伝えしてきました。その時々に求められている行動を正確に認識し、それを積極的に実行していくことがリーダーシップなのです。「自分は、性格的にリーダーに向いていない」などと決めつけることは、賢い考え方ではありません。もっと前向きに、「自分に求められている行動をきちんととろう」という気持ちが大切なのです。もちろん、とるべき行動がわかっていても、なかなか実行できない人もいます。その点では、リーダーシップも、性格の影響をまったく受けないとは言えないでしょう。しかし、そうした壁を乗り越えることはできるのです。
> 　リーダーとリーダーシップ行動とのかかわりは、役者と演技の関係にも似ています（図5-6）。役者は台本に従って舞台の上やカメラの前で演技をします。このとき、「自分の性格に合わないからこの役回りは遠慮したい」と言うことはできます。しかし、そんな人は優れた役者として評価されないでしょう。どんな役柄にもチャレンジするのがプロフェッショナルというものです。こうして、いろ

- **役者**→台本→カメラ・舞台→演技
　　　→客の評価→稽古・修行→**名役者**

- **リーダー**→期待される行動→職場
　　　→アクション（演技）→他者評価
　　　→改善努力→**名リーダー**

図5-6　リーダーシップは演技

いろな演技を披露した役者は観客にも大きな感動を与えます。

　役者が自分の性格に合った役しかしていないとするとどうなるでしょう。悪役しかやっていない役者は日常生活でも冷徹でひどい人だということになります。八名信夫という、健康飲料のCMで知られた俳優がいます。彼は悪役専門で売ってきました。それを逆手にとって悪役商会というプロダクションをつくっています。所属するメンバーは見るからに怖そうなおじさんばかりです。しかし、そんなグループのリーダーである八名氏はすばらしいユーモアのセンスをもっているに違いありません。魅力的なリーダーとしてみんなから慕われているはずです。そして、お年寄りのための慰問活動もしているとのことです。それにもかかわらず、カメラの前では血も涙もないような人物に変身するわけです。まさに迫真の演技力というほかありません。そしてその演技は観客から高く評価されるのです。もし評判が悪ければ、それを真摯に受け止めてしっかり稽古や修行を続けることです。こうした努力が実を結んで演技力が身についていきます。これと同じことが、リーダーシップについても当てはまります。リーダーは、「自分に求められている行動」を台本にして、職場という舞台の上で演技するのです。それが部下たちに評価されることになります。その結果が望ましいときもあれば、そうでないこともあるでしょう。肯定的な評価であれば、それに自信をもてばいいのです。否定的な場合にもめげることはありません。それをまじめに受け取って次の行動（演技）に生かせばいいだけの話です。そうした努力を積み重ねることで、リーダーシップは改善していきます。はじめは誰でも大根役者に違いありません。それが、本人の努力と観客のサポートによって大向うをうならせる名役者になるのです。リーダーシップも見習いからはじまります。そして、倦まずたゆまず努力しながら、周りの人との相互作用をとおしてすばらしいリーダーシップを発揮できるようになるのです。そのときは、単にリーダーシップ技術が優れたものになるだけではありません。お

そらく、人間自身の幅も広がって、一段と大きな人物に見えるに違いありません。それだけ成長したのです。"

続いて「ミニカリスマを目指そう」の話。

"リーダーはカリスマであるべきだと考える人がいます。「カリスマ」はギリシャ語を語源としたドイツ語なのですが、「予言や奇跡を行う超能力」といった意味があります。これが転じて「大衆を心酔させ、従わせる超人的な資質や能力。また、そのような資質を持った人（日本国語大辞典）」を指すようになりました。カリスマを、支配の一つの形態として取り上げたのは社会学者のマックスウェーバーです。彼はこのほかに、合理的（合法的）支配と伝統的支配を挙げています。それはともあれ、私は現実のリーダーは「カリスマ」ではなく「ミニカリスマ」であるべきだと考えています。

この両者はどこがどう違うのでしょうか。それについて4つの点を挙げたいと思います（図5-7）。

その第一は「見えるか」「見えないか」です。そもそも一般の人々はカリスマとよばれる人物を身近に見たりはできません。声だって聞いたことがないというカリスマがいます。もう「ほとんど神様」なんですね。これに対して現実のリーダーはそんなすごい人ではまずいのです。ミニカリスマはみんなが自分の目の前で見ることができる人でないといけません。もちろん、平々凡々たる人よりも少しばかりは「すごい人」ではあるのです。仕事に関する専門知識や技術で周りの人たちが一目置いている。そんな力と雰囲気をもっているわけです。実際に「できる」人ですから、その影響力はけっこう大きいのです。

カリスマとミニカリスマが違う第二の点は「失敗」がキーワードです。いわゆるカリスマは失敗をしたことがないと思われています。やはり神様なんです。これに対してミニカリスマはけっこう失敗し

ミニカリスマを目指して…
モデルとしてのリーダー

カリスマ
1) 見えない人
   あるいは 神様？
2) 失敗したことがない人
   あるいは 神様？
3) 失敗できない人
   あるいは 神様？
4) 欠点があってはいけない人
   あるいは 神様？

ミニ・カリスマ
1) 目の前にいる人
   あるいは 少しだけすごい人！
2) 失敗体験が語れる人
   だから けっこう普通の人！
3) 今でも失敗してる人
   でも スマートに謝れる人！
4) けっこう足りないところもある人
   だけど それを克服できる人！

図5-7　ミニカリスマを目指して

ているわけです。むしろ、その失敗を生かしてきたからこそ、めでたくミニカリスマになっているということです。ただし、ミニカリスマは自分の失敗体験を部下たちに語れる人でなければいけません。それが部下たちに「失敗してもくよくよすることはない。これからしっかりやっていけば、この人のようになれるんだ」という安心感を与え、前に進む意欲を高めるのです。

　カリスマとミニカリスマの第三の違いも「失敗」に関係しています。ミニカリスマは過去に失敗した体験をもっているだけでなく、いまも「失敗できる人」なのです。ところが、カリスマは過去はもちろん、いまでも失敗などしないことになっているわけです。失敗した途端にカリスマでなくなってしまいます。しかし、失敗するのは「しっかり仕事をしている」証拠なんです。何もしていなければ失敗のしようがありません。「もっと成長しよう」「さらにいい仕事をしたい」「何か新しいアイディアはないか」。そんな積極性があるからこそ「健全な失敗」が生まれるのです。そしてチャレンジ精神にあふれるリーダーは、部下に感動を与えその力を引き出します。

　また、ミニカリスマは自分の失敗をごまかしてはいけません。まず

は自らの失敗をきちんと認める。そしてそれを取り返すための努力を惜しまない。そうした態度が部下や周りの人たちのモデルになるのです。また、自分のミスで問題が起きて、部下たちに謝罪しないといけないことだってあるでしょう。そんなとき、リーダーは言いわけなどしないでスマートに謝ることです。ミニカリスマは「謝らない誤り」を犯してはいけません。
　カリスマとミニカリスマの違いの４点目は「欠点」をもっているかどうかです。神様同然のカリスマは欠点などもっていることが許されません。これに対してミニカリスマは人間ですから、「けっこう足りないところ」があるわけです。ただしその「欠点」を克服するためにいつも努力を惜しまない。この点こそが「ミニカリスマ」に期待されているのです。そんな姿を見ていれば、部下たちも「この人についていこう」という気持ちになるでしょう。人間には「自分の弱さを認める強さ」が必要です。そこをしっかり知ったうえで、それを乗り越えるために絶え間ない努力を続けていく。そんなとき、人は輝いて見えるものです。
　このように、「カリスマ」と違って「ミニカリスマ」はまさに人間そのものであり、リーダーの鏡だということができます。

最後の題材は「トップダウンとボトムアップ」である。

１）言いたいことが言える職場
　「誰もが言いたいことを言える」。それは健康で安全な職場を実現するために最も大事なことです。もちろん、「言いたいこと」に「法令違反をしよう」といった反社会的なものや仲間を誹謗中傷するような発言は含まれません。それは当然として、リーダーが「言いたいことを言いなさい」と口で言うだけでは何の効果も期待できません。職場に「言いたいことが言える」雰囲気がなければ、誰もが内心では問題だと思っていても、それを口に出すのは控えるのです。

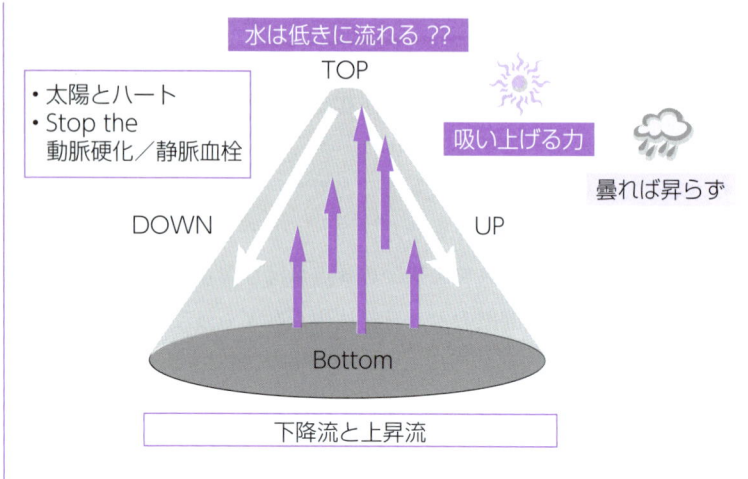

図中:
- 水は低きに流れる??
- TOP
- ・太陽とハート
- ・Stop the 動脈硬化／静脈血栓
- 吸い上げる力
- 曇れば昇らず
- DOWN
- UP
- Bottom
- 下降流と上昇流

図5-8　トップダウンとボトムアップ

その結果として最悪の場合は事故や不祥事が起きてしまいます。こうした事態を避けるため、リーダーは職場に「ものが言える」環境を創り出していく必要があります。この点について、ここではトップダウンとボトムアップの視点から考えてみることにしましょう（図5-8）。

2）水の流れは

　「水は低きに流れる。だから組織でも指示や命令、そして必要な情報を上から下に流すのが当然だ」。そんな考えから「トップダウン」を偏重して「ボトムアップ」の重要性を軽視する人たちがいます。もちろん、「水が低いほうに流れていく」ことは間違いありません。しかし、「それだけ」なのでしょうか。もしそうなら、川はあっという間に枯渇してしまうはずです。しかし、現実の川は絶えることなく流れています。その理由ははっきりしています。「水は高きにも昇っている」からです。もっとも、それは「水蒸気」になっているので私たちの目には見えないわけです。しかし、この循環がなければ地球の自然環境は成立しません。組織にとって欠かせ

ない水、それは指示や命令などの上からの情報だけでなく、部下たちの声も含んでいるのです。ここでトップダウンの道筋は動脈と考えることができるでしょう。それがしっかりしていなければ組織は生きていくことができません。しかし、私たちの体には静脈もあります。動脈と比べれば派手さに欠けますが、やはり生命の維持になくてはならないものです。ボトムアップは、組織にとっての静脈だと考えることができます。このように、組織の健康を維持し、さらに増進していくためにはトップダウンだけでなくボトムアップの流れが欠かせないのです。そして、リーダーは組織に「動脈硬化」や「静脈血栓」が起きていないかどうかをしっかり監視しておかねばなりません。

3）リーダーの役割

　さて、自然の世界でも上に昇る水蒸気が目に見えないように、組織においても下からの意見や期待は管理者の目には見えにくく、耳に届きにくいのです。それをどうやって吸い上げるか、これこそがリーダーの重要な役割になります。ところで、水を水蒸気にするのは太陽の力です。どんなに猛烈な風でも海の水を空まで吸い上げることはできません。やはり「北風」よりも「太陽」のほうが強いのです。組織のボトムアップを考える際にも同じようなことが言えるでしょう。管理者が「意見を出せ出せ」とプレッシャーをかけるだけでは、部下たちも本音を話す気持ちにはなりません。「この人になら何でも言える」。そんな関係をつくらなければボトムアップの実現はむずかしいのです。まさに、リーダーは「北風」ではなく「太陽」を目指さなければなりません。そのためには「ハート」が大事です。しかし、そんな太陽も雲がかかれば水を吸い上げる力を失います。組織においても、リーダーが太陽ではなくて雲になってしまっているケースがあるのです。「あなた方の意見が上のほうまで届いていないことがありますか」「あなた方に知らされるべき事柄が知らされていないことがありますか」。こうした質問に、「届い

ていない」「知らされていない」と答える人々が多い職場では、リーダーシップが十分に発揮されていないことが実証されています。こうした職場ではリーダーが太陽ではなく、それを隠す雲になっているのです。「自分はそんなことはない」と自信をおもちの方も、ご自分と部下たちとの関係を振り返ってみられてはいかがでしょうか。

こうした様々な観点からの情報を選択し、「フォロー研修」のまとめである「目標設定」に繋いでいく。

4. 行動目標のリフレッシュ

→ 目標設定の条件

　データの分析が終わり、リーダーシップに関する情報も提供した。そこでそれらをもとにして「フォロー研修」の最終段階である、「行動目標」の再設定に取りかかる。目標設定そのものは「基礎研修」でも行っているが、「フォロー研修」での目標は質的にレベルアップしていることが期待される。それは、自分の部下が回答した生のデータを目の当たりにし、それをしっかりと分析しているからである。こうした状況を踏まえたうえで、さらに実効のある行動目標を立てるための情報を提供する。

　目標は決めるだけでは意味がない。それが実践に移されなければ、まさに「絵に描いた餅」になる。そこで、「フォロー研修」で新しい行動目標を設定する前に、「目標設定の条件」について解説する。

　ここでも情報提供の臨場感を味わっていただくために話しことばでまとめることにしよう。

> 　皆さんがお決めになる行動目標には個人的なものと職場で決めるものがあります。はじめにどちらの目標にも欠かせない条件を考えてみましょう（図5-9）。
> 　まず大事なのは、①具体的な「ことば」で表現されていることです。職場でお互いの意思疎通がうまくいっていないからといって、「コミュニケーションをよくする」といった目標を立てても仕方がありません。これでは問題の単なる裏返しに過ぎません。また

目標設定の条件

個人・集団共通
① 具体的な行動として表現できている
　スローガンになっていない
② 期間内に実行できる
　理想的すぎない，あとで息切れしない
③ 達成期限がはっきりしている
④ うまくいっているかどうかいつも確認できる
　チェックリストができる
⑤ うまくいけばどこがどのように変わるか予想できる
⑥ 小さな失敗をしても，取り返しがつく

図 5-9　目標設定の条件（個人・集団共通）

「リーダーシップを強化しよう」というのでは目標にもなりません。こうしたレベルで目標を決めていると、実行する段階になってから「抽象的だった」「目標が大きすぎた」といった言いわけをしなければならなくなります。このような事態を避けるには、行動を具体的に表現するキーワードを含めることです。たとえば、「いつ」「どこで」「何を」「だれに」「どのように」「どの程度」などはその代表的なものです。もちろんキーワードは状況に応じて選ぶわけですから、多ければいいというものではありません。

　次に考えておきたいのは、②目標は実行できるものであることです。いくら具体的な「ことば」を使っても実践できなければ意味がありません。たとえば、「専門的な知識がないことを反省して、専門書を毎週1冊読む」という目標を決めるのはどうでしょうか。その専門書の対象や範囲、さらには著者や書名まで決めていればこれほど具体的な目標はありません。しかしこの目標は途中で挫折するに違いありません。どう考えても実行できませんよね。

　私たちが態度や行動を変えるためには、自信をもつことが大事で

す。いきなり理想的な目標を掲げても失敗します。はじめから無理をしないで、とにかくやってみて成功することです。「いまの自分にできることしか決めない」という気持ちでいいのです。それが他人からみればレベルが低いと思われることもあるかもしれません。しかし、ここで決めるのは「自分の目標」なのです。それをスタートにして、先に進んでいかなければ行動の改善はできません。その代わり、目標を決めたからには「実行するのがむずかしくなった」などと簡単にあきらめてはいけません。

　さて、目標を決める際には、③ある程度の期限を設定することも重要なポイントになります。目標には短期的に達成できるものと時間がかかるものがあります。いずれにしても目標達成に向かってエネルギーを持続させる必要があります。特に科学的な根拠はないのですが、私は3〜6か月くらいの期限を設定するようお勧めしています。どんなに具体的で実行可能であっても、期間が長くなると時間の経過とともに緊張感が失われてしまいます。ある程度の期限を設定して、その時点で実践した結果を評価します。そこでうまくいっていれば、さらにレベルアップした目標を決めるのです。仮に失敗したとしても、その原因を分析して目標を設定しなおせばいいわけです。長期的な目標も順序立てた段階に分けて成功体験を積み重ねていけば達成できるはずです。

　以上の3つが目標設定の基本的な条件です。それに加えて、④うまくいっているかどうかいつも確認できることも挙げておきましょう。目標が具体的で実行可能であれば、自分でその実践がうまくいっているかどうかを確かめることができます。行動の「チェックリスト」ができれば特にいいですね。その時々に応じて「うまくいっている」ことが実感できれば目標達成の意欲がさらに高まるわけです。

　これと合わせて、⑤目標を達成したときのイメージがはっきりしていることも大きな力になります。自分が目標を達成したときに、

「どこが、あるいはだれがどのように変わるか」といった職場に起きる変化を頭に描いておくわけです。それによって、目標達成の途中であっても、自分が目標に近づいていることがわかるわけです。

さらに、これは目標設定の「条件」とは言えませんが、⑥小さな失敗をしても取り返しができるという考え方も目標達成には欠かせません。そもそも「実行可能」なことを決めていることになっているのですが、それでも現実にはつまずくことだってあるわけです。そんなとき、それまでの努力がまったく無駄になってしまうようだと、それだけで目標達成への意欲を失ってしまいます。これでは元も子もありません。もちろん、取り返しのつかない場合は仕方ありませんが、小さな失敗は「すぐに取り戻すぞ」という気持ちが大事です。失敗にめげるのではなく、それを次のエネルギーにするほうが最終的に目標達成を実現できるのです。

ここまで挙げた①〜⑥の条件は「個人目標」と「集団目標」のいずれにも共通して求められるものです。職場の皆さんが一緒になって達成する目標の場合には、さらにいくつかの条件が追加されます（図5-10）。

何といっても集団の目標ですから、⑦メンバー全員が目標を受容していることが必要です。みんなが自分たちの目標について納得しておかないといけないわけです。押しつけられた目標だと思われたり、特定の者だけが実行すればいいと考えられたりしていては、目標の達成など期待できません。

また、⑧それぞれの立場や、個性が生かされていることも重要です。集団で行動目標を決定する際は全員が同じ目標を立てるべきだと考える人がいます。しかし、それにこだわり過ぎると目標を決められない人が出てきます。職場としての目標は共通していても、個人ごとの目標は違っていていいのです。たとえば「遅刻をしない」という目標にしても、電車で通っている人は「1本早い電車に乗ろ

目標設定の条件

集団バージョン
⑦メンバー全員が目標を受容している
⑧メンバーの立場や個性が生かされている
　（みんなが同じことをしなくていい）
⑨メンバーがお互いの目標について知っている
⑩2人以上で助け合う必要がある

そして、
目標発見能力を身につけよう

図5-10　目標設定の条件（集団）

う」と決めるでしょう。しかし、自転車通勤の人にはそんな目標はあり得ません。ここで重要なのはそれぞれの立場や状況、そして個性が生かされていることなのです。

　そのうえで、⑨互いの目標について知っていることも大事になります。全員が同じ目標を立てるわけではないのですから、そのままでは仲間が決めた目標はお互いに知らないことになります。そこで、個人の目標を職場に掲示したり、お互いに表明したりすることが期待されます。もちろん、それは他人の行動を監視しておいて、実行していないときに追及するためではありません。誰かがうまく実践できていないときはそれに気づいて援助するのです。こうした相互の働きかけをとおして、職場のまとまりも高まることでしょう。それが目標の達成にもプラスの効果をもたらすに違いありません。

　そして、⑩お互いに助け合わないとうまくいかないという条件も欠かせません。お互いに援助することで、1人では挫折してしまいそうなときにも目標達成を支える力になります。個人の目標は違っていてもいいのですが、同時に2人以上のメンバーが協力して達成できるような目標を創る、あるいは発見することが重要になるのです。

そして、いま言いましたように「目標は創るもの、発見するもの、探すもの」であることを強調しておきたいと思います。それは、上から与えられるまで待っているものではありません。毎日の仕事のなかから目標を発見していく力、つまりは目標発見力が大事なのです。職場のリーダーには、そうした力の育成も大いに期待されているわけです。

ところでここに、目標がいま取り上げた10個の条件を満たしているかどうかをチェックする質問紙があります（図5-11）。「個人・集団目標」に共通する部分と「集団」特有の条件を分けています。すべての項目で右側に寄っていれば、目標達成もスムーズにいく可

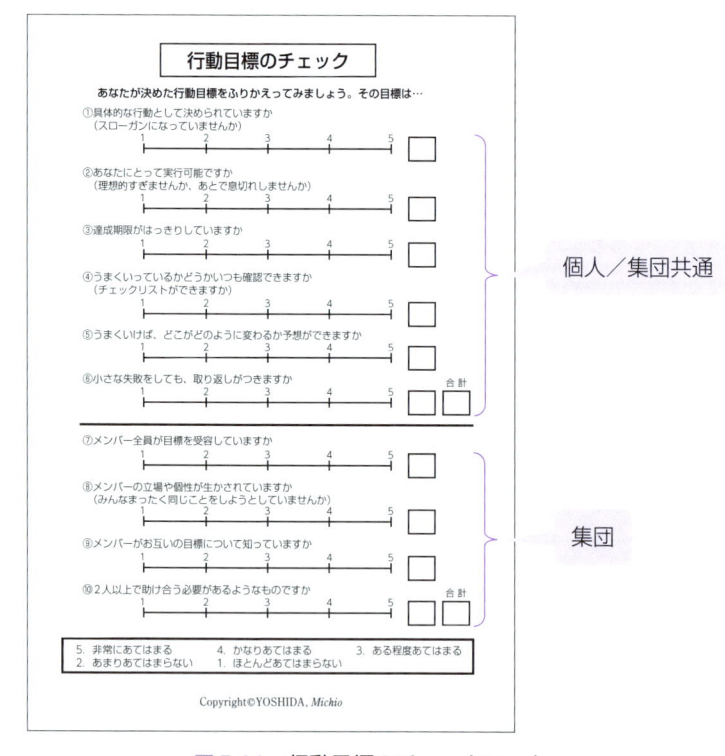

図5-11　行動目標のチェックシート

能性が高いことになります。職場でご自分たちの目標を評価されてはいかがでしょうか。

→ 行動目標のリフレッシュ

　こうした「目標設定の条件」を踏まえ、参加者たちは新たな「行動目標」を設定することになる。「フォロー研修」では「行動目標のリフレッシュ」と呼んでいる。

　基本的には、「基礎研修」のときと同じように、「いま求められている行動」「設定した期間内に実践できる行動」「まわりの人に見える行動」の3条件を踏まえて「行動目標」を決める。この際も最大3つまでとし、それをシールに書き込んで台紙に貼る（図5-12）。これも「基礎研修」と同じ手続きではあるが、台紙は新しいものを使用する。ここではA5判の簡易版だが、こうした小さな「変化」も、新鮮さを維持するために

図5-12　"考動"目標の台紙

効果的である。また、ちょっとした遊び心を入れて「考動」目標にしている。ただ動くのではなく、「考えて行動しましょう」という気持ちを込めているのである。

　原則として、「基礎研修」でトレーニングのコースとしては区切りがつくため、その後の実践は参加者たちに任される。ただ、行動目標を実践する期間はここでも3か月程度にすることが多い。そして、お互いに実践を誓う「自己決定」をし、「頑張れサイン」を交換する。

　なお、台紙には「Challenge the Chance to Change myself！」のワンセンテンスを入れている。これには「リーダーは部下が変わらない、周りが変わらないと嘆かないで、まずは自分から変わろう。そして、『変わること』は押しつけられたものではなく、自分にとってチャンスだと考えよう」という気持ちを込めている。いつも「Cha、Cha、Chaの心」でリーダーシップ力を鍛え続けていきたいものである。

　こうして「フォロー研修」は終了し、参加者たちはリフレッシュした「行動目標」をもって職場に帰っていく。

　ここまで、「基礎研修」と「フォロー研修」を組み合わせた「リーダーシップ・トレーニング」について、その流れと提供する情報を含めた様々な道具について解説した。これによって、基本的には読者自身が「リーダーシップ・トレーニング」を実施できるはずである。すでに述べたように、対人関係にかかわるトレーニングではそれをリードするトレーナーも「道具」である。したがって、まったく同じ「シート」などの道具を使っても、トレーナーという「道具」によってトレーニングの様子は異なってくるし、その効果にも違いが生まれる。また、トレーニングは参加者たちの相互作用によって展開される。したがって、参加者が違えばスケジュールや使用する道具が同じでも、また異なる様相を呈する。その意味では、まったく同じトレーニングはあり得ない。しかし、そうだからこそ、筆者はトレーニングの開発と実践を続けることができ

るのである。「いつも新しい、いままでにない出会いだ」。こんな気持ちでいると、エネルギーが衰えることがない。

→ 3か月後の手紙

「フォロー研修」を終える前に「3か月後のわたしへ」と題したシートを使うことがある（図5-13）。自分に宛てて、「3か月後に伝えたいいまの気持ち」「3か月後までしっかり憶えておきたいこと」「何でも自由に…」について書くのである。こうした「手紙」はすでに研修などで導入されており、筆者のオリジナルではない。ただし、シートを入れた

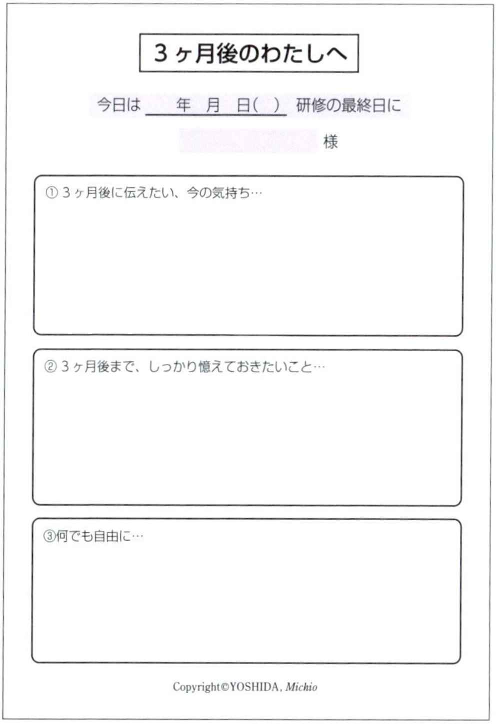

図5-13　3か月後の手紙

封筒を預かり、その裏側に漢字2文字と筆者の名前を筆書きして返送するといった、それなりの工夫を加えている。漢字も通常の熟語ではなく、行動を改善する努力を持続できるような気持ちをこめて"創作"する。たとえば、「心輝」や「勇飛」「夢走」といった具合である。「フォロー研修」から3か月も経過すれば、そのときの気持ちにも揺らぎが出てくる。そんなときに、「ああ、そうだった。しっかり行動目標を実践しなくては」といった刺激になることを期待するのである。事実、封筒を送ったあとに参加者から、また気持ちを新たにチャレンジするという便りが届いたりする。トレーニングを実施した者としては「頑張ってくださいね」と声をかけたくなる。

リスクマネジメントへの展開

第**6**章

1. グループ・ダイナミックスとリスクマネジメント

▶ リーダーシップ・トレーニングとリスクマネジメント

　これまでみてきたように、グループ・ダイナミックスは「集団とのかかわりをとおして人間を理解する」ことを目的にしている。そのなかでも、対人関係やリーダーシップは人と人とのかかわりのなかで起きる現象であり、これを改善することで組織が活性化し、その構成員も意欲的に仕事ができる。そこで、対人関係やリーダーシップを意識的に改善する道具として、「リーダーシップ・トレーニング」の開発と実践が進められてきた。

　ところで、わが国では第2次世界大戦後、復興のために物づくりの再生が最優先の課題になった。そこで製造業を中心に生産性の向上に全勢力が注がれる。その結果として、製品の品質が向上し海外でも「Made in Japan」が高く評価されるようになるのである。こうした順調な流れの一方で、大規模化した設備におけるミスや事故が組織を悩ましはじめる。そこで、生産性と品質の向上だけでなく事故や災害を防止する対策が求められた。それに対する有力な解決策として提案されたのが「小集団活動」であった。当時の組織では、上からの指示や命令が絶対だと考えられていた。いわゆる「トップ・ダウン」方式である。「小集団活動」は、そうした旧来の考え方に見直しを迫ることになる。それが「組織メンバーの全員が意思決定に参画すること」を前提にしていたからである。こうした発想の転換をもとにして、「小集団活動」は1970年代を中心に一世を風靡する。それは単なるブームではなく、めざましい成果を生み出したのである。海外からも「集団」の力を活用する「日本的経営」が高く評価された時代である。この「小集団活動」を展開するにあたって

重視されたのが管理者のリーダーシップであった。

　そして21世紀、さらに技術は巨大化し、そこで起きるミスや事故の影響も深刻さを増している。さらに、信じられないような不祥事が誰もが知っている組織で起きたりもする。それが組織の存続を脅かすケースも少なくない。そして、いわゆる「コンプライアンス」なることばも組織内で交わされる日常語になった。これらはいずれも組織の「リスクマネジメント」の問題である。

　ミスや事故防止のためにハードの側面からの対策が必要なことは言うまでもない。しかし、ハードの整備だけで安全で事故のない職場をつくることはできない。どんなに完璧と思えるハードを装備しても、規則やマニュアルを整備しても、事故は起き続けている。それはいわばソフトと言える人間のほうに問題があるからだ。こうしたなかで、対人関係やリーダーシップの改善を目指すトレーニングが、事故防止やコンプライアンス向上に貢献できるという評価を受けるようになった。人間がかかわることに絶対は「絶対」にない。しかし、われわれはその「絶対」に向かって挑戦し続けるしかないのである。こうしたなかで、筆者も「リーダーシップ・トレーニング」を「リスクマネジメント力」向上のために活用する試みを展開してきた。

　最終章では、グループ・ダイナミックスとリスクマネジメントの研究を概観したあと、「トレーニング」において「リスクマネジメント」に活用できる「道具」について解説する。

→ 事故防止のアクション・リサーチ

　われわれが「組織の安全」や「リスクマネジメント」の実践研究をしていると言うと、「時流に乗るのがうまいですね」とやや皮肉混じりに批評した人がいた。まさに20世紀も最後の10年を切った世紀末、組織の深刻な事故や不祥事がマスコミなどで取り上げられるようになっていた頃である。これに対して特に反論はしなかったが、それは大いなる誤

解なのである。なぜなら、組織の安全や事故防止はグループ・ダイナミックスにおける重要な課題として、すでに1960年代はじめには実践的研究がスタートしていたからである。ここではその代表として、2つのプロジェクトを挙げることにする。

1）バス運転手の事故再発防止

その一つは九州にあるバスを運行する会社の事例である（図6-1）。戦後の復興とともに公共交通機関に対する需要が高まっていく。そうした状況のなかで、この会社でもバスの保有台数を増やし、それに伴って走行距離も急激に伸びていった。バスの保有台数と走行距離が対応していることは図を見ればはっきりわかる。そこまでは想定どおりの話だったのだが、ここで深刻な問題が起きる。運転手に責任がある事故も増え続けていったのである。その傾向も図にはっきり示されている。これに危機感をもった会社は様々な対策をとったが、それでも事故は減っていかなかったのである。このときグループ・ダイナミックス的な視点からのアプローチが登場する。会社から相談を受けた三隅二不二九州大学教

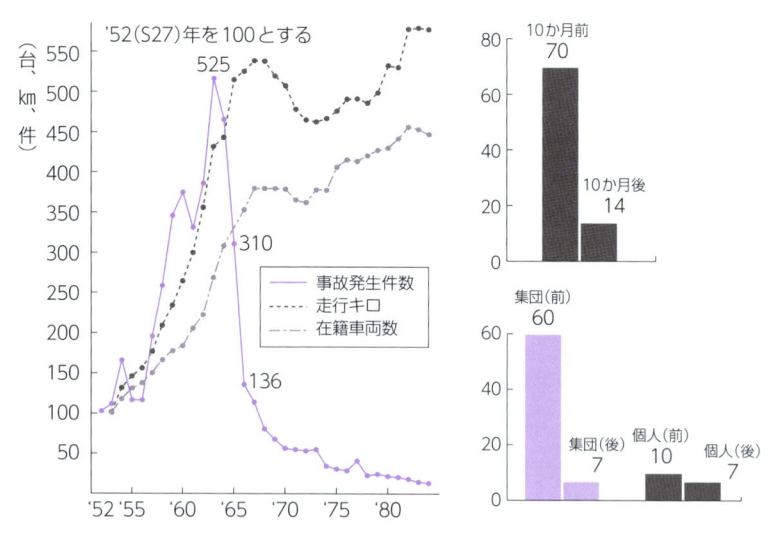

図6-1　バス会社における事故防止のアクション・リサーチ

授（当時）は、事故防止のために第1章で紹介した集団決定法の導入を考えた。そこで、事故を起こした運転手たちを集めた研修が実施されたのである。そのなかで、自分たちの職場が抱える問題点を集団討議で抽出し、その解決策をメンバーで分析し、検討を行った。そして研修の終わりに職場で事故を起こさないために実践する行動目標を決定したのである。この試みは大きな成果をもたらした。研修前10か月の70件の事故が研修から10か月後には14件と大幅に減少したのである（図6-1右上のグラフ）。もちろん「事故ゼロ」が理想だが、現実はそこまでうまくはいかないものだ。ただその減少にはある特徴が発見された。それを示したのが図6-1右下のグラフである。これを見ると「集団参加群（左のグラフ2本）」と「個人参加群（同右）」に大きな違いがあることがわかる。前者は研修に3人以上の複数で参加した運転手たちの結果である。これに対して後者は1人ないし2人で参加した人たちのものである。「集団群」では60件が7件へと大幅に減っているが、「個人群」では10件から7件と大きな変化が認められない。この結果は人の行動変容に及ぼす「集団の力」の大きさを明らかにしている。研修のなかで「お互いにしっかりやろう」と気持ちを確かめ合うことが大事なのは言うまでもない。しかしそれに加えて、職場に帰ったあとも受講者のグループが互いに支え合うことができるかどうかが重要なのである。「集団群」の参加者たちは職場でも顔を合わせる可能性が高い。そんなときに、「研修で決めたこと、ちゃんとやってるか」といった会話が交わされる。これに対して「個人群」は文字どおり「孤軍奮闘」だったのだろう。こうした状況の違いが、事故件数減少の差となって現れたのだと思われる。

　参加者の多くが研修の終了時には「職場で実践するぞ」という気持ちになる。ところが、その後にインタビューすると、「うまくいきませんでした」というケースも出てくる。その原因が参加者自身にある場合は、「心機一転、もう一度チャレンジしてください」と励ますこともできる。しかし、問題が職場における上司にある場合も少なくないのである。研修時に高まった意欲を維持しながら職場に帰って出張報告をする。その

とき上司がとる態度で研修の成果が決まることもあるのだ。「そりゃあ得るところが多かったね。私もサポートするからしっかりがんばれよ。研修が終って1か月くらいは意欲満々でいても、そのうち萎んでしまう例もあるから、ちゃんと見ておきますよ」。こんなことを言われれば意欲はさらに高まるはずだ。これに対して、報告を聞いた瞬間に「あなたも若いね。私も同じ年頃には張り切っていたものだ。でも、そのうちそんな気持ちも薄れてしまうんだよね」と否定的なことを言われると、それだけで意欲を喪失してしまう。これは極端な例ではあるが、筆者は上司の態度の反応が研修効果を左右することを実感している。

2）造船所における安全運動の展開

　バスの運転手による事故再発防止のアクション・リサーチの成功によって、グループ・ダイナミックス的な手法の有効性が明らかにされた。そうした流れのなかで、新たに造船所の安全を確立するための実践的な研究が行われることになる。造船は製鉄業と並んで、わが国における戦後の経済回復を先導した「重厚長大」産業の代表格であった。しかし、海外を含めた好調な受注のなかで大きな問題があった。それは職場における事故である。造船は総体的に大規模な作業が多く重量物を扱い高所での作業もある。ちょっとしたミスが重大な事故を引き起こす。もちろん、会社は設備や機器などの安全性向上に努めてはいたが、それにも限界があった。これに対応するためにグループ・ダイナミックス的なアプローチの導入が決定されたのである。それは「全員参画による安全運動」として展開されることになる。このアクション・リサーチのキーワードとして、「全員参画」「小集団活動」「リーダーシップ」「リーダーシップ・トレーニング」の4点を挙げることができる。

　まずは「全員参画」である。その当時の造船業界では、仕事は上意下達の指示や命令で進められるのが常識だった。いわゆるトップダウン方式が徹底しており、監督者が部下の意見を聞くボトムアップ的な発想はまったくなかった。そんな職場風土に、安全に関しては働く者全員がかかわるという運動が導入されたわけだ。このような「参画意識」の高ま

りによって「ヒヤリハット」体験の報告やその防止のためのアイディアなどが出されるようになったのである。すでに第1章でも述べたが、今日では「参画」という言い回しは様々な機会に使われている。一般的には比較的新しい用語のように思っている人もいる。しかし、ここで紹介している造船所のアクション・リサーチは1970年代に展開されたものである。そのときにはすでに「全員参画」という表現が使われていたわけで、「参画」はすでに歴史をもったことばであることがわかる。ともあれ、トップダウンを中心に成長してきた組織に「全員参画」による「小集団活動」と第一線で働く人々を指揮監督する管理者の「リーダーシップ・トレーニング」が導入されたのである。その結果は図6-2から明らかなようにめざましいものであった。運動の展開とともに事故の件数は、1970年の25件が73年には2件にまで大幅に減少したのである。この数字を見ただけでも「全員参画」による「集団力」を活用した運動の有効性は疑う余地がない。しかもこうした試みが当初は期待もしなかった様々な波及効果も生み出すのである。

　その一つは、自分たちの仕事に対する「誇りと責任感」が高まったこ

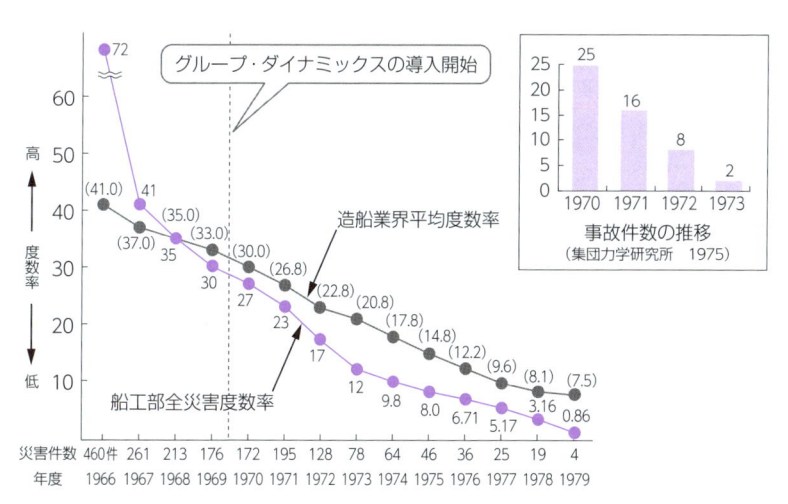

図6-2　造船所における安全運動のアクション・リサーチ

とである。ある職場では、自分たちが担当した船体の一部に「ここは○○班の仕事です」といったワッペンを貼ることを思いついた。今日製造業や発電所などでは、働く者一人ひとりが職場に愛着をもち、自分のものだと考える「マイプラント意識」の醸成が提唱されている。造船所で自発的に生まれた「ワッペン運動」はまさに「マイプラント意識」高揚の結果であり、それが1970年代であったことは特筆すべきだろう。

　第二に、「コスト意識の向上」がみられた。船は鉄板を溶接して造り上げるが、その際に大量の溶接棒を使う。溶接棒は溶かしているうちに短くなってくるから、ある程度の長さが残ったところで廃棄する。それをできるだけ短くなるまで使い切ろうという運動が生まれたのである。その結果、コストが大きく削減されることになった。

　さらに「出勤率の向上」という、これも最初は予想もしていなかった効果まで生み出した。「全員が参画する」ことで人々の仕事に対する意欲が高まり、それが欠勤する者の数まで減少させたのである。こうした好循環の流れのなかで、「家族に職場を見てもらおう」というアイディアも実行されることになった。配偶者はもちろん、両親や子どもたちを職場に呼んで、その仕事ぶりを目の当たりにしてもらうのである。それが「働く者」としての誇りを高める効果をもったことは容易に想像できる。こうして、様々な波及効果を生み出しながら、「全員参画による安全運動の実践」はその目的を十分に達成したのである。

　そしてこのプロジェクトのなかで、管理者の対人関係スキル向上を目的にした「リーダーシップ・トレーニング」の開発に拍車がかかったことも明記しておかなければならない。造船所における監督者のリーダーシップを測定する項目はすでにできあがっていた。しかし、調査によってリーダーシップの現状を知るだけでは、組織の安全は保証されない。その結果をもとに、監督者たちがより望ましいリーダーシップを発揮するためのトレーニングを開発することが強く求められていたのである。

2. リスクマネジメントとトレーニング

→ リスクマネジメントのミニ情報

運輸会社や造船所の事例からわかるように、組織における事故や不祥事の発生を未然に防ぐためにグループ・ダイナミックスが貢献できることは明らかである。また不幸にして事故や不祥事が起きた場合でも、その処理を迅速に行うために職場の対人関係やリーダーシップが重要な役割を果たす。それを踏まえて筆者は、「リーダーシップ」と「リスクマネジメント」を結びつけた「トレーニング」の開発にも力を入れてきた。そのなかで、リスクマネジメントに関連した情報と道具を提供する。

はじめに、短時間で伝えることができる「ミニ情報」として、「Fail Safe と Feel Unsafe」「知識から意識へ、そして行動へ」「確率よりも確実を」「重大性評価の共有化」の4つの題材を紹介する。やはり話しことばを使いながらトレーニングの雰囲気でお伝えしよう。

「Fail Safe」と「Feel Unsafe」

Fail Safe は、すでに日本語になっていると思います。何かややこしいことが起きたときでも、すべて安全な対応をするという考え方です。

私が皆さん方と共有できる日常的な例を挙げると、オートマチック車のバックギアがあります。これは意識してボタンを押すなど、バックする意思をもっていないとすんなり「R」には入りません。また電気のブレーカーが落ちるのも Fail Safe です。家庭内の配線に負担をかける電流が流れると熱くなって危険です。そこで使う側

からいえば困るのですが、ブレーカーが効いて安全なほうを選択するわけです。いまや安全は大事なキーワードですから、製造物などのハード面についてはFail Safeを保証することが常識になっています。しかし、Fail Safeさえしっかりしていれば100％大丈夫かというと、そうはいきません。

たとえば、電車が猛スピードで突進したためカーブを曲がりきれず脱線した事故がありました。あの場合も理屈だけで言えばFail Safeは成り立っていたわけです。なぜならば、事故が起きたカーブには時速70kmという速度制限が設けてあったということです。したがって、運転士がそれを守っていれば事故は起きなかったことになります。しかしそこを40kmほどもオーバーして突っ込んでしまった。速度を安全が保証される範囲に制限していた点ではFail Safeが成り立っていても、人間側の要因で事故は起きてしまうのです。

また、100％安全な装置があるのに、それを使わなかったために核燃料の加工施設で臨界事故が起きたことがあります。原材料をバケツで混合していたことが事故の原因でした。ハード的には完璧にFail Safeが保証されている設備があっても人間がそれを使わなければ事故は起きるのです。

いつも「こんなことしたら、まずいんじゃないか」と疑問に思う感受性をもっていただきたいのです。そのことを私は「Feel Unsafeのこころ」とよんでいます。こうした感受性がなければ、目の前にFail Safeの設備があっても事故を防ぐことはできません。そして、疑問に思うことを職場で話せるような雰囲気をつくりあげることが必要です。少し気がかりだと思うことを指摘しても、「そのくらいで大げさに言うなよ」などと打ち消されてしまうようでは発言する意欲もなくなります。職場のリーダーであれば「なかなかいいところに気づいてくれたなあ。けっこう大事なこと言うじゃないか」と反応してほしいものです。

もちろん、現実にはコストや納期などのいろいろな厳しい事情が

あると思います。しかしそこを乗り越えられるかどうかが組織の安全を左右するのです。こうした問題は長い目で評価しなければなりません。

「知識から意識へ、そして行動へ」については、すでに第4章でも「基礎研修」の位置づけを解説する際に触れている。ここでは「リスクマネジメント」に関する情報提供の視点から、話しことばで追加しておこう。

知識から意識へ、そして行動へ

　皆さんは安全や様々な規則についてはしっかりご存知のことと思います。しかし、「知識」をもっているだけでは安全は保障できません。世の中に「飲酒運転が法律で禁止されている」ことを知らない人などただの1人だっていません。みんな知識はもっているのです。しかし、それにもかかわらず飲酒運転による事故はなくなりません。知識はあってもそれを意識し、実際の行動にまで結びついていないのです。

　「マニュアルや規則を読んでおきなさい」と言うだけで済むのなら問題は起きません。しかし、その知識を意識や行動に繋げていかなければ意味がないのです。もちろん、「こうすれば知識が意識化され行動に繋がる」という100％確実な方法はありません。そんな状況のなかで、集団の力を使うことは大きな効果があると思います。たとえば、職場の人間関係が非常にいい状態であれば、1人の人間が何かまずいことをしようと思っても抑止力が働くはずです。「ちょっと待てよ。自分は仲間に信頼されているのに、ここで変なことをしたらみんなに迷惑をかけてしまう」「こんなことをして、自分を育ててくれた上司を落胆させてはいけない」。こんなことが頭に浮かべば、危うい行動を踏みとどまるに違いありません。

　ともあれ、管理職がリーダーシップを発揮して、意欲の高い部下

集団を育てることで、「知識」が「意識化」され、さらに「行動」に結びついていくことになるのです。

確率よりも確実を

　私たちは、意識するかどうかは別にして、ものごとを確率で考えがちです。たとえば、コップ一杯のビールを飲んで運転しても、あくまで確率だけで言えば検問に引っかかったり実際に事故を起こす可能性はきわめて低いのです。しかし、安全にかかわる行動を確率の高低で考えていると危険な深みにはまってしまいます。ルール無視によって事故を起こした当事者の多くが、「そのときは大丈夫だと思った」と振り返ります。「確率が低い」という誘惑に負けてしまったのです。

　人生は考えようによっては確率的な事象の連続です。私たちは未来を正確には予測できないのです。しかし、短期的には確実な選択肢はあるのです。大事な仕事をするときは、「確率よりも確実を選ぶ」ことを最優先していただきたいのです。コップ１杯か２杯のお酒を飲んだら、少なくとも24時間は車に乗らなければ「確実」に飲酒事故を起こしません。それを「２〜３時間は寝たからいいや」と考えるのは、確率に賭けていることになります。

重大性評価の共有化

　「事故がこれまでなかった」から「これからも起きない」という発想は捨てないといけません。むしろ、その確率は高まっていると考えるべきなのです。しかし、「すべて」のことが起きる可能性に対して「まったく平等に」エネルギーを割くわけにはいきません。そこで想定される事態の重さが問題になります。それは安全の優先順位と言うこともできるでしょう。私たちの社会では、人命が失われたりケガをしたりすることが最も重大な事故になります。それは紙が破れたり、ものが割れたりするのとは質が違うわけです。まず

は、このことを組織全体で確認しておく必要があります。そして、ここでトップの姿勢と態度が重要になります。「世間的には安全最優先だと言っておかないとまずいじゃないか。しかし、この競争社会にそんなことを本気でしてたら生き残りなんかできるわけがない」。そんな発言をするトップが大勢いるとは思いませんが、それは確実に組織全体の空気を変えてしまいます。そもそもトップが真摯で厳しい姿勢を保持している場合であっても、その精神や方針を組織全体に浸透させることは容易ではないのです。ましてや、トップに言行不一致があれば、構成員たちはそんなトップを信頼しないでしょう。「上の人たちは口では安全重視とか言ってるが、内心はそんなものどうでもいいと思ってるんだ…」。そんな見方をされたら組織の安全など実現するはずがありません。世の中に巨悪ということばがありますが、「巨善は組織に浸透しがたく、巨悪は直ちに組織を浸食する」と考えたほうがいいのです。ともあれ、組織のメンバーが自分たちの仕事について、「重要性」や「優先順位」を「共有化」しておく必要があります。

➡ グループワークのチェックシート

「リーダーシップ・トレーニング」では、「情報提供」と「グループワーク」を組み合わせて、リーダーシップの改善を図る。その焦点が「リスクマネジメント」に移ってもリーダーシップの重要性が低下することはない。そして、基本的な「情報」を提供し、それらをもとにして「グループワーク」を展開していく点では「リーダーシップ・トレーニング」とまったく同じである。その際に重要な役割を果たすのがチェックリストやシートなどの「道具」である。そこで、「リスクマネジメント」に重点を置いたトレーニングで使用するシート3点を取り上げて解説しよう。

1） 「安全運動」「安全目標」に対する「本音」調査

ミスや事故を防止するために様々な「安全運動」が展開され、「安全目標」が設定される。それらが完璧に実践されていれば、理屈のうえではミスや事故は起きないことになる。しかし、現実には繰り返し行われる「安全運動」自身が形式化したりマンネリ化して期待した効果が得られていないという問題もある。そうしたなかで筆者は、電力会社や医療機関における基礎調査をもとに、「安全運動」や「安全目標」についての「本音」を問うチェックリストを作成した（図6-3）。

リストは25項目から構成されており、トレーニングでは参加者たちが下記の質問に回答する。

YOSHIDA, Michio

職場の「安全運動」や「安全目標」に関する調査

職場では、「安全」を確保するために、目標が掲げられたり運動が進められます。あなたや職場の仲間は、そうした目標や運動をどのように考えておられますか。以下の項目についてお答え下さい。ご回答は各項目の右の□にご記入下さい。

熊本大学　吉田道雄

4.そのとおりだと思う　3.ある程度そう思う　2.あまりそう思わない　1.そう思わない

1.ルールが多すぎて徹底しない　1.□
2.忙しさにかまける　2.□
3.成果がはっきり見えない　3.□
4.安全運動が習慣化、セレモニー化している　4.□
5.自分は事故を起こさないと思っている　5.□
6.マンネリ化して新鮮味がない　6.□
7.しなくても困ることがない　7.□
8.いろんな事をしすぎて何が大切かわからない　8.□
9.義務としてこなしている　9.□
10.安全に対する危機感が少ない　10.□
11.安全運動が形だけのものになっている　11.□
12.周知徹底という言葉だけで終わっている　12.□
13.上層部が提唱してやらされている感じが強い　13.□
14.達成感が感じられない　14.□
15.自分はしなくても、誰かがやると思っている　15.□
16.事故の経験がなく、痛みや怖さを知らない　16.□
17.やらなくても変わらないという気持ちが強い　17.□
18.安全という文字が多すぎて安全意識が低下している　18.□
19.安全に対する意識や考え方が希薄　19.□
20.作業の進捗度が優先される　20.□
21.運動が一過性で継続しない　21.□
22.コストがかかる　22.□
23.災害やミスをすぐに忘れてしまう　23.□
24.実施するのが面倒　24.□
25.具体的な方法や進め方が分からない　25.□

図6-3　安全に対する“本音調査”

質問：職場では、「安全」を確保するために、目標が掲げられたり運動が進められます。あなたや職場の仲間は、そうした目標や運動をどのように考えておられますか。以下の項目について（回答選択肢の番号を）右の□にご記入下さい。

　この調査を看護師を対象に行ったところ、たとえば「義務としてこなしている」については「そのとおり」「ある程度そのとおり」という回答が60％を超えた（図6-4）。事故やミスをなくすことに反対するものはいない。だから、それを目標にした運動やキャンペーンに対しても異論は出ない。しかし、その重要性がメンバーたちに受け止められていなければ、単なる絵に描いた餅、スローガン倒れになるのである。
　また、その反応は業種によっても違いが見られる。企業組織の構成員と看護師を比較したデータ（図6-5）を見ると、企業の構成員では「自分はしなくても、誰かがやると思っている」に対して肯定的な反応が多いが、看護職ではまったく対照的な結果が得られている。これを見て企業組織の安全に対する認識の程度が低いと判断するわけにはいかない。むしろ厳しすぎるほどの安全追及のなかで、「自分はしっかり対応して

そのとおりだと思う	11.7
ある程度そう思う	48.6
あまりそう思わない	25.2
そう思わない	14.1

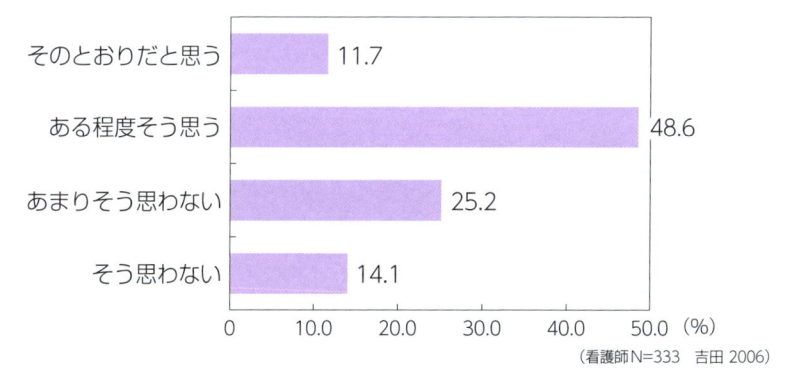

（看護師N=333　吉田 2006）

図6-4　「安全運動」「安全目標」を義務としてこなしている

```
そのとおりだと思う    20.1
                    1.5
ある程度そう思う      48.6
                    8.1
あまりそう思わない    24.9
                    48.3
そう思わない          6.3
                    32.0
```

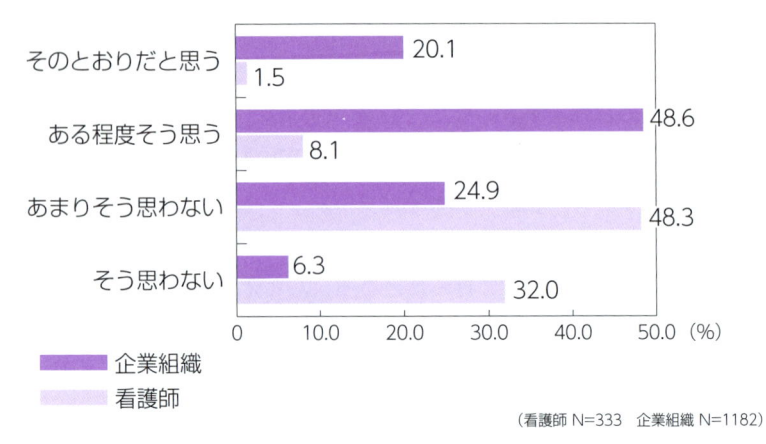

■ 企業組織
■ 看護師

(看護師 N=333　企業組織 N=1182)

図6-5　自分はしなくても、誰かがやると思っている

いるつもりだが、しないといけないことが増えすぎて、同僚を見るとついそう思ってしまう」と吐露した回答者もいた。

　トレーニングでは、参加者自身がチェックリストに回答するとともに、こうした既存のデータも念頭におきながらグループワークのなかで分析をすすめる。一般的には、参加者に共通する問題項目を取り上げて、その原因と解決のための方策を検討する。またお互いに相違する点に焦点を当て、組織の違いなどを含めてその原因を分析していくことも意義がある。

　さらに、あらかじめ「安全」や「コンプライアンス」にかかわる個人的な意識や意見をメモしておき、それを題材にディスカッションに入ることもできる。その際に使われるシートのサンプルの一つが図6-6である。これと目的は同じだが、図6-7のような「職場のリスクチェック」シートを使用することもある。

　このような「道具」を準備することで、より効果的な情報交換が行われる。

　こうした過程をとおして、参加者たちが職場で実践する行動を探求していくのである。それは「安全にかかわる」行動ではあるが、職場の

```
┌─────────────────────────────────────────────┐
│          Let's Think & Discussion!          │
│ ①「安全」や「コンプライアンス」に関わる運動や実践が定着しにくいのは… │
│   ○                                         │
│   ○                                         │
│   ○                                         │
│ ─────────────────────────────────────────── │
│ ②いま職場の「安全」や「コンプライアンス」で、気がかりなことは… │
│   ○                                         │
│   ○                                         │
│   ○                                         │
│ ─────────────────────────────────────────── │
│ ③職場の「安全」や「コンプライアンス」を確かにするため、「こうすればいい」と │
│   思うことは…                                │
│   ○                                         │
│   ○                                         │
│   ○                                         │
│ ─────────────────────────────────────────── │
│ ④職場で「何でも言える」雰囲気をつくるための具体的な方法・行動は… │
│   ○                                         │
│   ○                                         │
│   ○                                         │
│ ─────────────────────────────────────────── │
│ ⑤「大事だとわかっていること」と「実際の行動」が食い違う理由は… │
│   ○                                         │
│   ○                                         │
│   ○                                         │
│                    Copyright©YOSHIDA, Michio │
└─────────────────────────────────────────────┘
```

図6-6 「安全」「コンプライアンス」に関する個人メモ

リーダーであれば、それがそのままリーダーシップ行動の改善にも繋がっていく。

2) マスコミ情報等をもとにした分析シート

　時代とともに、組織においても個人の生活においても「安全・安心」への意識が高まっている。しかしながら、現実には信じられない事故や不祥事が起きる。誰もが知っている大組織も例外ではないからその衝撃は大きい。それもトップ層を含んだ組織ぐるみの場合は、その生き残りすら危うくなる。しかし、それでも同じようなことが繰り返される。まさに「対岸の火事」であって、「人のふり見てわがふり直せ」のこころに欠けている。そんな現状だから、マスコミで報道される「事故」や

職場のリスク・チェック

あなたの職場の安全を守るためにアイディアを出しましょう。
次のような視点から、思いつくものをできるだけたくさん挙げてみましょう。
◇「安全運動」や「キャンペーン」が身に付かないのは(成果が見えない、義務としてこなしている…)
◇職場の「安全」で気がかりなこと(慣れで安全意識が低下している、安全教育が形式的)
◇「安全」で「大切だと思うこと」と「行動」が食い違う理由(しなくてもやれる、マニュアルが煩雑)

職場のリスク・リスト　Top7		
1		
2		
3		
4		
5		
6		
7		
チェック		Rank

あなたが体験した"ヒヤリハット体験"は…

私が忘れられないヒヤリハット体験　Top3		
1		
2		
3		

あなたが実践しているリスクに対するお勧めのノウハウは…

わたしのRisk　Management　Know　How　Best3		
1		
2		
3		

Copyright©YOSHIDA, *Michio*

図6-7　職場のリスクチェックシート

「不祥事」に関する情報には事欠かない。そのうえ、大きな組織の事故などはインターネットで報告書が開示されることも多くなった。それだけ、自分の組織に活かせるヒントが増えているとも言えるのである。

特に、職種が異なる組織での問題を自分たちの課題として共有化できる力が求められている。医療事故、原子力発電所の事故、あるいは交通機関の事故、そして学校や近隣社会で起きる事故など、目に見える現象形態はまったく異なっている。そうだからこそ、「対岸の火事」になるのである。しかし、そこにいるのは「人間」であり、そこにあるのは「人と人との関係」である。どんな組織で起こった問題も、その原因は「言いたいことが言えない」「言っても聞いてもらえない」という「人と

Let's Think & Discussion!

1. 新聞記事を読み込みましょう。
2. 最終的な事故に至るまで、どんなことが起きていますか。
その事実(問題点)、それが起きた原因・対策を箇条書きでまとめましょう。

事実(何が起きた)　原因(どうしてそうなった)　対策(どうする)
①事実 o原因 o対策
②事実 o原因 o対策
③事実 o原因 o対策
④事実 o原因 o対策
⑤事実 o原因 o対策

3. 事故を組織の問題として考えてみましょう。
あなたが責任者なら、どんな問題を指導しますか。それをどのように解決していきますか

図6-8　マスコミ情報をもとにした分析シート(新聞記事用のサンプル)

人との関係」に集約されるというのが筆者の主張である。

こうした視点から、リスクマネジメントに焦点を当てたトレーニングでは、新聞や雑誌、あるいは報告書の情報をもとにしたディスカッションを導入することもある。そのための「Let's Think & Discussion！」シートが図6-8である。

3） 職場の規範チェックシート

職場に限らず、われわれには「常識」と呼ばれるものがある。それは法律や規則で決められているものではないが、人の行動に大きな影響を与える。出勤したらお互いに「おはようございます」と気持ちよく声をかける。おそらく多くの職場で朝の挨拶がその日の仕事のスタートに

なっていることだろう。しかし、それが「常識」になっていないところもある。事故や不祥事を起こしてしまった職場の管理者が悔恨の情を込めて語ってくれたことがある。「私の職場ではお互いに挨拶さえできていませんでした。今回の事故にしても、部下たちは『おかしいんじゃないか』と話し合っていたそうですが、私には聞こえてきませんでした…」。もちろん、挨拶さえしていれば万事がうまくいくというわけではない。しかし、こうした基本的な常識ができあがっていない職場のほうが安全についても危ういことは間違いない。そもそもコミュニケーションがうまくいっていないのである。

　それはともあれ、「常識」は組織や集団によって違うことも「常識」といえるかもしれない。もう昔の話になるが、『日本の常識、世界の非常識』という本があった。日本人としては当然だと思っていても、世界の基準から見れば「おかしなこと」があるという話だ。これと同じことは、われわれの身の回りにもある。「会議は5分前集合が常識」という職場がある一方で、みんなが「少しくらい遅刻しても平気だ」と思っているところもある。仕事の目標にしても、「目標以上を目指そう」というグループがあるかと思えば、「目標はあくまで目標。そこそこでいきましょう」という雰囲気の職場もある。いずれの事例も前者のほうが活気に満ちた職場であることは容易に想像できる。グループ・ダイナミックスでは、こうした「常識」を「集団規範」の問題として考える。この「集団規範」は一人ひとりの行動にも大きな影響を及ぼす。前向きの「規範」があればいいが、後ろ向きの「規範」が支配している職場では、仕事はうまくいかない。また、ミスや事故が起きる可能性も高くなる。そこで、元気で生きがいのある職場をつくるには、望ましい「規範」をさらに向上させ、そうでない「規範」を改善していくことが必要になる。その実現にあたって中心的な役割を果たすのは職場のリーダーなのである。

　ここでは、「規範」を望ましい方向へ変えるための具体的な手続きを紹介しよう。それは、現実の職場にある「規範」の実態を知ることから

はじまる。そのための道具が「職場の常識」リストである（図6-9）。このシートでは「集団規範」という専門用語を使わずに、あえて「常識」ということばを使っている。ともあれ準備された10個の欄に自分が職場の常識だと思うものを挙げていく。その際は、「望ましい」とか「望ましくない」といった判断はしない。とにかくできるだけ多くの「常識」を思い出すのである。

あらかじめ決めていた時間がきてから、シートの右側にある3つの欄にチェックを入れる。その基準は関連するもう1枚の「職場の常識チェックシート」に書かれている（図6-10の前半）。まず、その「常識」が元気な職場づくりに「望ましい（プラス）」か「望ましくない（マ

私の職場の常識

◇あなたが仕事をしている職場を思い浮かべてください。

職場のみんなが、「当たり前だ」とか「当然だ」と思っていることがたくさんあると思います。
「遅刻をしない」「互いに挨拶をする」「ミスは必ず報告する」
「分からないときは相談する」…。
当り前すぎて気づいていないものもあるでしょう。もちろん望ましくないこともあるはずです。
「小さなミスは報告しない」「仕事は70%程度で満足する」
「分からないことがあっても放っておく」…。

◇ここでは、あなたが思いつくものをできるだけたくさん挙げましょう。

私の職場の常識				
1				
2				
3				
4				
5				
6				
7				
8				
9				
10				
Mark		P/M	E	C

図6-9　職場の常識（規範）チェック

イナス)」かを評価して、「P／M」欄に「P（プラス)」か「M（マイナス)」を入れる。次に、それが元気な職場づくりに与える影響度についてチェックする（「E」欄)。ここで影響の度合いを、「大きい　H」「中程度　M」「小さい　L」のうちから選択する。「H」であれば、それが「職場の活性化」に大きな影響をもっていることになる。さらに、その「常識」を変えやすいかどうかについて判断する（「C」欄)。ここでは、最初の「望ましい」か「望ましくない」かの評価でチェックする基準が違ってくる。「望ましい」と回答した場合は、その常識を「改善することが十分にできる：◎」「ある程度できる：○」「むずかしい：△」のいずれかを選ぶ。一方、「望ましくない」ものに対しては、「改善は不

私の職場の常識チェック

1. それぞれの常識は、安全で風通しのいい職場づくりにとってプラスですかマイナスですか。
   チェック欄(P/M)に、P(プラス)かM(マイナス)を入れましょう。
2. その常識は、安全で風通しのいい職場づくりにどのくらい影響を与えているでしょうか。
   チェック欄(E)に、
   「影響が大きい　H」「影響は中程度　M」「影響は小さい　L」を記入しましょう。
3. その常識をあなたの力で変えるのは…チェック欄(C)に記入しましょう。
   プラス(P)の常識：私が努力すれば、その常識をさらにいい方向へ改善することは、
   「十分できる　◎」「ある程度はできる　○」「むずかしい　△」
   マイナス(M)の常識：私の努力で、その常識を変えることは、
   「不可能に近い　××」「かなりむずかしい　×」「できる可能性がある　○」
   「十分できる ◎」

いま私が変えたい／強化したい3つの常識。その成立要因と私の具体的な改善策。

私は職場の常識になっている【..............................
..............................を変えたいと思います。
もともと、そうなったのは、【..............................
..............................からだと思います。
そして、これを変えるためには、【..............................
..............................すればいいと思います。

私は職場の常識になっている【..............................
..............................を変えたいと思います。
もともと、そうなったのは、【..............................
..............................からだと思います。
そして、これを変えるためには、【..............................
..............................すればいいと思います。

私は職場の常識になっている【..............................
..............................を変えたいと思います。
もともと、そうなったのは、【..............................
..............................からだと思います。
そして、これを変えるためには、【..............................
..............................すればいいと思います。

図6-10　職場の常識(規範)チェック分析シート

可能に近い：××」「かなりむずかしい：×」「改善できる可能性がある：○」「改善は十分できる：◎」から選択する。どんなに影響が大きくても、いま改善することがむずかしいのであれば、「変える、変える」と叫んでも意味がないのである。

　さて、自分の職場の「常識（規範）」が明らかになったら、今度はそれを望ましい方向へ変えていく必要がある。それがプラスであれば望ましい状態で維持していく、あるいはもっと改善していく方法を探すことも大事になる。そこで、今度は図6-10のシートの後半を使用する。はじめに前のシートで挙げた「常識」から「改善・向上したい」ものを3つまで選ぶ。その際には、「望ましい常識かどうか」「職場の活性化に影響が大きいかどうか」、そして「改善することが可能かどうか」を考慮する。

　選択した「常識」については、それができあがった理由について分析する。そのうえで、それを改善していくために「自分にできること」を考えていくのである。

　こうした分析を仕事仲間と進めていくことで、職場の課題が共有化される。トレーニングの場合は、同じグループのメンバー間で情報を交換する。その結果、メンバーたちから職場を元気にするためのアイディアが生まれてくるのである。

　こうした一連のステップをスムーズに進めるために、リーダーシップが大きな役割を果たすことは言うまでもない。

　ここでは特に「リスクマネジメント」に限定して「規範」を考えなかった。しかし、「安全文化」の醸成も、現実の職場集団が「安全を前提として行動すること」を「常識」化することによって達成されるのである。

3. リスクマネジメントにかかわる情報提供

　すでに、トレーニングに挿入するミニ情報については紹介した。本章の最後に、リスクマネジメントに欠かせない「安全風土・文化・規範」と「安全を脅かす心理的要因」を取り上げる。そのうえで、「マニュアルを守る集団づくり」について考え、「リスクマネジメントの公式（分数物語）」を提案しておきたい。

　リスクマネジメントを目的にしたトレーニングにおいて、こうした視点からの情報を提供することで、参加者たちのリスクに対する理解が進むはずである。

→ 安全風土・文化・規範のスパイラル

　いま、組織におけるリスクマネジメントを考える際に、「安全文化（safety culture）」という用語が使われる。原子力の世界で中心的な役割を果たしているIAEAも公式にこの用語を用いている。これとは別に「安全風土」という言い回しもある。いずれも、人間の安全にかかわる行動に重大な影響を与えるものだと考えられる。さらに、すでにみたように、集団メンバーの行動に影響を及ぼすものに「集団規範」がある。これはグループ・ダイナミックスの領域でよく使われるもので、"group norm"の訳語である。「風土」「文化」「規範」はいずれも組織の安全にとって重要な役割を果たしていることは疑いない。しかし、それらの間には微妙なニュアンスの違いがある。ここでは、この3つの用語を検討することによって、組織における安全を確実にするためのヒントを得たいと思う。

最初の「風土」は広辞苑によれば、「その土地固有の気候・地味など、自然条件。土地柄」である。まさに文字どおり、「風」や「土」とのかかわりが深く、「自然」に与えられた「条件」を意味することばだ。和辻哲郎が1935年に発表した「風土」は、世界各地の風土と人間のあり方を分析した研究として知られている。いずれにしても、「風土」はわれわれが生活を営む基盤であり、環境条件といった意味合いをもっている。これを組織に当てはめれば、それが存在している環境とその条件が組織の風土ということになる。そこには、本来の意味での気候や土地柄も含まれるだろう。それとともに、社会的な環境としての地域住民とのかかわりも、組織にとっては風土の重要な要素である。

　また、「企業風土」という言い方もある。この場合は、その歴史や伝統などによって培われてきたもので、時間の経過と重みが感じられる。あるいは、もう少し広く「業界や業種の特殊性・体質・慣習」といった視点から考えることもできる。いずれにしても「風土」はかなりどっしりしたもので、それが一方的に人間に影響を与えるという印象がある。したがって、人間や組織の側から先に「風土」を変えることはむずかしい感じがする。人も組織も、まずは与えられた風土のもとで活動を開始する。あるいは、伝統的な「風土」に合わせながら成長を図る。

　これに対して、「文化」は、「人間が自然に手を加えて形成してきた物心両面の成果」と定義されている（広辞苑）。その対義語は「自然」である。こうした語義を踏まえると、「風土」は「自然」に近い。文化を意味する英語はcultureである。文化講座などを開講しているところは「カルチャー・センター」などと呼ばれるから、このことばはすでに日本語になっている。「カルチャー・ショック」などもよく使う。英語のcultureは、「耕す」というラテン語に由来している。「文化」は「自然（風土）」に人間が「手を加えて創った」ものなのである。したがって、「文化」は与えられた「風土」あるいは「環境」のなかで、われわれが創り上げていくという積極的な側面をもっている。ただし、「文化」には、すでにできあがったものという響きがある。また、例外はあるもの

の、「文化」は肯定的な面が強調されやすい。さらに、人々の行動を規制する基準として「何が何でもそれに従わなければならない」といった迫力には欠けている。それは「文化」に責任があるのではない。「文化」は、もともと幅広い概念なのである。そうしたこともあって、日本語の「文化」は、組織におけるミスや事故防止、安全確保に対する実践的な行動を引き起こすものとしては力不足の感がある。

　「風土」が「文化」を育み、その「文化」のなかで、われわれの日常生活が営まれる。そうした生活における行動の基準が「(集団) 規範」である。それは、集団や組織の成員によって共有されている常識ということもできる。「規範」は行動の基準であるから、それを手本として「守らなければならない」という価値を含んでいる。その典型は法律である。それは、「法規範」とも呼ばれ、国民に遵守することを要求する。法律に反する行為を行うと罰せられるほどの強制力をもっている。そして、「〜しなければならない」「〜してはならない」といった表現を用いながら、その国や時代の価値観をはっきりと主張している。しかし、われわれは明文化された規範に従うとは限らない。毎日の生活を振り返ってみると、厳密な意味では法律に違反していることもめずらしくない。たとえば車の運転に関して、「10km以内なら速度オーバーしても捕まらない」などといった情報がまことしやかに流れる。事実、どのくらいの車が高速道路で時速100kmを守りながら走っているだろうか。信号が黄色になったときに「止まろう」と意識するドライバーは皆無に近い。人々は法規範よりも、世間一般や仲間たちの「常識」を基準にしながら行動しているのである。こうしたことは、職場の安全についてもみることができる。どんな組織でも規則や約束事は明文化され、マニュアルもしっかりつくられている。しかし、働く人々がそれらに従うとは限らない。職場の人間関係や仕事に対する不満、さらにはストレスなどがあると、働く意欲は減退する。そんな状況のなかで、規則やマニュアルを無視することに抵抗を感じない雰囲気が職場に生まれてくる。それがメンバーの行動基準になれば、規則は効力を失いマニュアルも空文化する。

こうして、「規則やマニュアルを守らない」「マニュアルを無視する」ことが集団の「規範」として成立するのである。このように、ミスや事故をなくすためには、規則やマニュアルをつくるだけでは十分ではなく、集団メンバーの行動に影響を及ぼす規範を明らかにする必要があるのだ。
　われわれはモンスーン地帯という風土のもとで農耕に従事してきた。いわゆる「稲作文化」が成立したのである。さらに収穫を祝う秋祭りが創り出された。そして、それは各地で「独自の祭り」として定着している。おだやかな祭りもあれば、御輿がぶつかり合う激しいものもある。最近では、過疎化のために祭りが衰退する地方もある。また本来の意味が忘れられ、ただ騒ぐだけだと嘆く声も聞こえてくる。そうした問題に直面して、これまでの方法を見直したり改善するのは当事者たちである。そうした努力が実を結べば、祭りは復活するだろうし、さらなる活性化も期待できる。このように、個別の祭りを変えるために具体的なアクションをとるのはそれぞれの町や村の当事者たちなのである。こうした考え方は、組織の安全にも適用することができる。「風土」や「文化」は幅広い概念である。それを基盤にして職場の規範ができあがっているのだ。そして、組織の安全を確かなものにしていくためには、個々の集団メンバーたちが自分たちの「規範」を分析・検討し、変えるべきものは変えていくべきなのである。
　ここで、風土・文化・規範の関係を図で示しておこう（図6-11）。まず、安全にかかわる文化や具体的な行動を規定する基本として風土がどっしりと座っている。その風土の上で、人が様々な働きかけを行いながら文化が醸成される。風土を「業界や業種の特殊性・体質・慣習」とするなら、文化は「個別組織の特性や強味」ということになる。そのようにしてできあがった文化のなかで、安全に求められる行動基準として職場の規範が生まれる。
　もちろん、その「変化」の流れはここで止まらない。こうして安全規範が確立されれば、今度はそれが組織の安全文化を変えていく。さらに、文化が変化すれば、風土も変貌していくことになる。そのあとも、スパ

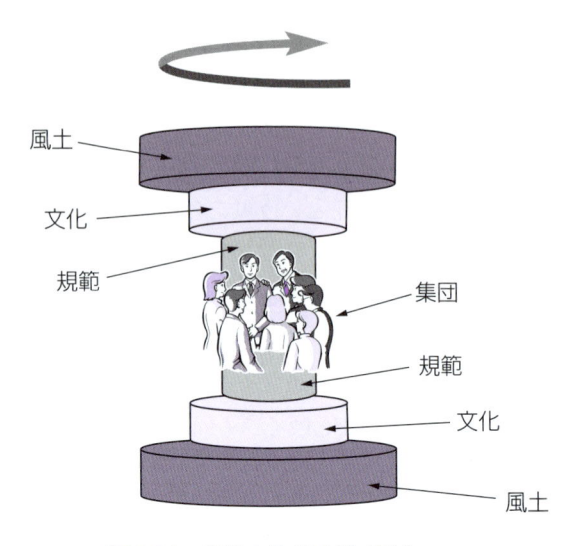

図6-11　安全文化のスパイラル

イラルを描くように、風土から文化・規範への影響とその逆の過程が繰り返されていく。最初の風土から規範までの流れでは、人々の行動は外的に規制されるところが大きい。しかし、規範が確立したあとでは、現場の規範が文化を創り、さらには風土にも影響を与えるのである。視覚的には逆に見えるが、これはトップ・ダウンの流れからボトム・アップの流れの転換でもある。安全は規則を強化しマニュアルを精緻なものにするだけでは達成されない。それは職場で働く人々の知恵とエネルギーを活用することにかかっているのである。

　このように、組織におけるミスや事故の防止は、職場における安全「規範」の確立からはじまる。「風土」や「文化」は、その範囲があいまいになりがちで、安全に関するスローガンはできても、個々人の具体的な行動には結びつきにくい。それぞれの職場集団が安全を向上させるためにとるべき行動を、自分たちの「規範」として定着させていくことが重要なのである。それが事故防止に繋がるとわかれば、その「規範」は組織全体に広がっていくはずだ。そうなれば、それは組織の「安全文化」

として認知されることになる。まずは、身近な自分たちの常識である規範を振り返り、問題を発見し、その改善を目指して全員の力を結集することである。ここでも、管理者のリーダーシップは重要な役割を果たすことになる。

→ リスクマネジメントと悪魔の法則

　人間のエラーには悪魔的なところがある。それは心につけいる悪魔だから、いつも出番をうかがっている。

　ここで悪魔という言い方をするのは、われわれに備わっている「よりよく生きるための力」が、心の悪魔が軽くささやいただけで事故を引き起こしてしまうからである。本来、プラスに働くべき力がまったく逆効果になるという意味で悪魔的なのだ。これとは別に、「心の隙間に忍び寄る悪魔」も存在する。この2つの側面から見ると、悪魔は5つの顔をもっていることがわかる。

1）第1の悪魔「慣れ」

　「よりよく生きるための要件に忍び寄る悪魔（図6-12）」の第一は

"よりよく生きる要件" に忍び寄る悪魔

第1の悪魔：慣れ
　注意力の低下→いつものとおり…
　"初心"にかえれず…→指差呼称！

第2の悪魔：経験の誤った評価
　"これまでなかった"症候群→がん
　"これまであった"症候群→経験の一般化

第3の悪魔：記憶と忘却
　すべては憶えられない→加工 単純化、強調化…
　都合に合わせて？　自覚なし？
　忘却力は生きるエネルギー？　悲しみを乗り越えて…

図6-12　組織を脅かす「悪魔の法則」（1）

「慣れ」である。われわれは、どんなことでもはじめるときは緊張しているが、時間の経過とともに慣れてくる。その結果、注意力が低下して、「いつものとおり」という感覚で特に問題があっても気づかなくなる。もちろん、われわれには「慣れる」力が欠かせない。鉄塔に上って電気の配線を仕事にしている人から、「最初は足が震えた」という話を聞いたことがある。しかし、それも仕事をしていくうちに慣れて落ち着いて仕事ができるようになる。

自動車の運転であれば誰もが同じような体験をしているだろう。自動車学校で初めて車のアクセルを踏んだときは、緊張で体全体がガチガチになった。しかし、経験を積んでいけば、携帯電話で話ができるほど運転に慣れるのである。だからこそ、「携帯電話で話をしながら運転してはいけない」という法律までできるわけだ。運転中に携帯電話で話をすれば、運転に関する注意力が低下してしまうのである。

「初心忘るべからず」という。人間が初心を忘れるからこそ、こうしたいましめができたに違いない。ある工場に見学に行ったときのことである。仕事ぶりをモニターテレビで見ていたときに指差呼称が始まった。その画面を見てつい吹き出してしまった。全員が見るからにいい加減な感じなのである。「はい、電気よし、スイッチよし」と言ってはいるが、まったく迫力がなく目には何も映っていないようだった。まさに「指差呼称」という習慣的行動に慣れてしまっているのである。

指差呼称は、JRが国鉄だった時代に開発されたもので、安全確保に有効だと言われている。声を出すことと指差し動作をセットにしたおもしろい手法である。しかし、それでも、しっかり意識しておかないといつの間にか形式的な動作になってしまうわけだ。

2）第2の悪魔「経験の誤った評価」

われわれは経験を積み重ねながら様々なことを学び身につけていく。そしてそれを活かすことで問題を解決することができる。「亀の甲より年の劫」と言われるように「経験」から得られる智恵は人生をよりよく生きるために欠かせない。しかし、そこにも悪魔がつけいるスキがある

のだ。よくある例に、「これまでなかった症候群」がある。「ちょっとおかしい」と思っても、「いままで大丈夫だった」から、「これからも心配ない」と論理が飛躍する。そして危険な方向に走ってしまう。アトラクション施設で客にシートベルトを装着させなかったために転落してしまった事故があった。このときも、担当者が「これまでもベルトなしで乗せたこともあったが事故にはならなかった」と話していたという。ともあれ、「これまでなかった症候群」はきわめて危険な発想だと考えるべきなのである。しかし、結果が深刻でないものを含めれば、誰もがこうした失敗体験をもっているのではないか。やや極端なたとえだが、「これまでがんにならなかったから、これからもがんにはならない」と考える者はいない。むしろ、「これまでがんに罹らずに無事に生きてきたからこそ、これからはさらに確率が高くなる」と気を引き締めるべきなのだ。職場の安全についても、「これまで何もなかったからこれからも安心」という発想そのものが問題なのである。

　マニュアルや規則にしても、「あまり守ってこなかったが、これまで何もなかった。だから、これからも大丈夫」ではいかにもまずい。特に人間の意志を超えた確率の問題の場合は、これまで起こっていないことが起こる確率はますます増えていると考えるほうが健全なのである。

　これとは対照的に「これまであった症候群」もある。こちらは経験を一般化してしまうことで問題が起きる。たとえば、ある病院で患者を取り違えて手術したことがあった。このときは術前に行った患者のエコー検査が大きな異常を示していなかったらしい。そうであれば、「これはおかしい」と疑問に思っても不思議ではないのだが、その情報が執刀医に伝わらなかったという。現実に、麻酔の作用で一時的に状況が改善されたように見えることがあるらしい。そうなると、それと同じことが起きているのではないかという判断に傾いてしまう。そして、この事故の場合がどうであったかわからないが、その場にかつて「同じ経験」をしていた者がいると、それは集団の確信になる。

　本来なら、「あれ、おかしいんじゃないか」と思うべきことがあって

も、その疑問が抑えられてしまう。われわれは目の前に起きている大きな流れに疑問を感じない傾向がある。また、ここまできているのに後戻りするのは面倒だと考えたりもする。しかし、このまま前に進みたいとか現状を変えたくないといった心の隙間に悪魔が忍び込んでくるのである。たとえば、例外的なことをこれまで1度しか経験していなくても、「とにかくあった」という記憶が蘇る。あるいは人から聞いただけで、自分では体験していないことでも、「こういうときには、こんなこともある」と集団のメンバー全員が思い込んでしまう。

　そうなると、周囲の人間も「ああ、あったね。あったよ」「私も聞いたことがある」と言い出して疑問を打ち消す方向に突き進んでいく。そして最後にはそれがあたかも100％確認された事実のようになるのである。ここまでくると、前に進むしかなくなってしまう。

　こうして、「経験の誤った評価」がもたらす「思い込み」が様々な問題を引き起こす。人間ドックで心電図をチェックしたところ、「ちょっと波形がおかしいけれど許容範囲です」と言われた人がいる。ところが、その後に生命保険を更新する健康チェックに際して、彼は「人間ドックで心電図の波形が少し異常だと言われました」と伝えたという。そこで保険会社が契約している開業医のチェックを受けることになった。問題はそこで起きたのである。その医師は心電図を見た瞬間に、本人の前で「わーっ、これはまずいな」と言ったそうだ。「もう20年以上通っている総合病院で『許容範囲』と診断されたのに、心電図を一目見ただけで『失格』と宣言されたのはショックだった」とその人物は嘆いていた。これなどは、「この人間は心臓がおかしくて来たんだ」と思い込んでいるために、同じデータに対しても見方や読み方が違ってくるのである。経験や思い込みで、客観的なデータですら異常になったり正常になったりするわけだ。仕事の内容や状況が違っても、こうした危険性をいつも背負っていることを考えておく必要がある。

3)　第3の悪魔「記憶と忘却」

　人間の大脳が驚くべき力をもっていたとしても、われわれはすべての

ことを憶えておくことはできない。そこで情報を加工し単純化して頭のなかに記憶しておく。その際に自分の都合に合わせて記憶することになる。自分にとって重要なものとそうでないものを判別し、いらない情報は記憶の倉庫に入れないほうがいい。それがよりよく生きるためのノウハウなのだ。しかし、憶えやすいような形で記憶しているのだから、自分の心のなかでは正しくても、その内容が客観的な事実だとは限らないのである。ところが、われわれは自分の記憶が100％間違いないと考えたくなる。ものごとを記憶する際には、「これは単純化して憶えるぞ」といった意識はまったくない。その意味では無意識的、自動的に記憶していくから、事実をゆがめたり加工しても、そのこと自身を自覚していない。したがって、いつも客観的なデータや記録をしっかりとる、あるいは他人と照合するといったことがきわめて重要になってくるのである。

　記憶の対極にある「忘却」も生きるエネルギーを維持するために欠かせない。肉親や親しい人を失った悲しみをいつまでも同じレベルで引きずっていたら、自分自身が生きていけなくなる。個人差はあるが、そうした重荷も時間が解決してくれる。時とともに苦しいことも忘れていくものである。しかし、それは裏返せば、忘れてはいけないことも忘れてしまう危険性があるということである。大きな失敗をしたときは大いに反省するが、その気持ちも徐々に忘れてしまう。それでは困るのだが、こうした忘却力も人間がよりよく生きるためには必要なものなのである。

　「慣れること」もできない、これまで「経験したことも活かせない」。そんなことでは仕事はできない。また人生を楽しく過ごすこともできない。そして、「自分に役立つことを記憶」し、「悲しみも差し支えない程度に忘れる」ことで、仕事にも集中できるのである。しかし、そうした「力」がミスや事故を引き起こす「力」になり得ることは「記憶」に留めて、いつも思い出すことが必要なのである。

　さて、組織のリスクマネジメントにとって、「よりよく生きるための要件に忍び寄る悪魔」とは別の「心の隙間に忍び寄る悪魔（図6-13）」

"心の隙間"に忍び寄る悪魔：マニュアルの落とし穴

第4の悪魔：マニュアル違反でも"事故らない"
　Fail-safeの鬼っ子　既成事実の積み重ね　正当化…
　逸脱範囲の拡大

第5の悪魔：マニュアルを守っても"事故る"
　危険な命綱？　理屈づけ

マニュアル対応のあり方　"確率"よりも"確実"を…
　"愚直"な頑固さ→"何が何でも守る""やせ我慢のこころ"　→ 両立
　"機敏な柔軟さ"→"ドンドン変える""朝令暮改のこころ"

図6-13　組織を脅かす「悪魔の法則」(2)

にも気をつけなければならない。これは規則やマニュアルにまつわる落とし穴の話である。

4)　第4の悪魔「規則・マニュアル違反でも事故らない」

　現実をみると、「規則やマニュアルに違反しても事故が起こらない」ことが圧倒的に多い。そこでつい違反や逸脱行為に走りたくなるが、そんな隙間に悪魔が忍び込んでくる。ほとんどのハードが、徹底したFail Safeの思想のもとでつくられているから、マニュアルなどを守らなくても基本的には問題が起きない。そのため、Feel Unsafeに対する感受性が鈍化してしまうのである。さらに、そうした既成事実が積み重なっていけば、「マニュアルを守らない」ことが正当化され習慣化してしまう。「いつだって違反しても問題は起きない」という誤った評価が定着し、さらに「こんなに忙しいのに、細かいことまで気にしてなんかいられない」と自分たちを納得させるのである。こうして最初はおそるおそる違反していても、目立った問題が起きなければその逸脱範囲は次第に拡大していく。

　高速道路で運転するときも、最初に走るときは10kmオーバーの時速110kmぐらいでも緊張する。しかし、そのうちに「110kmぐらいなら大丈夫だ」と考えはじめる。そして、115km、さらには120kmで走っ

ても平気になってしまう。こうして、逸脱範囲はエスカレートする傾向をもっているのである。

核燃料の加工施設で起きた臨界事故は設置されていた装置を使わないというマニュアル違反が原因だったとされる。バケツを使ったことが致命的だったようだが、それも当初は問題が起きない程度の少量からはじまったのではないか。それが徐々に、「もう少しくらいはいいんじゃないか」という感じで量が増えていったとすれば、これも逸脱範囲の拡大現象である。

やはり「初心忘るべからず」なのである。

5) 第5の悪魔「規則・マニュアルを守っても事故る」

さらに悪魔は、「マニュアルを守っていても事故が起きる」ことに取りついてくる。いつも現場で命綱をつけて仕事をしていた人がいたが、あるとき偶然に思わぬところから物が落ちてきた。ところが命綱のために動ける範囲が限定されて落下物を避けることができなかったという。その結果、不幸にもけがをしてしまった。これがマイナス体験になって、彼の頭には「命綱を付けていたからけがをしてしまった」という思いが強くなったという。

高速道路の運転でも同じで、制限速度を守って80kmで走っていれば、絶対に事故に遭わないという保証はない。法律に従っていても事故が起きることもあるのだ。そうなると、「どっちにしても事故の可能性があるのなら、少しでも早く着いたほうがいいじゃないか」という思いが頭をもたげてくる。そのうえ、1車線しかない一般道であれば、「運転は流れが大事だから、ほかの車に合わせないとかえって危ない」といった理屈が規則やマニュアル遵守の気持ちを揺さぶる。

そうだからこそ、規則やマニュアルに対しては、「確率よりも確実を」という発想が求められるのである。したがってマニュアルや規則に関しては、「愚直な頑固さ」を尊重したい。「何はともあれ、決まってることは何がなんでも守ろう」という気構えがほしいのである。これは「やせ我慢の心」とでもいうべきもので、それをお互いに大事にする気持ちが

必要なのだ。

　もちろん、そうした精神と同時に、「機敏な柔軟さ」も欠かせない。時代や状況に合わない規則やマニュアルは、タイミングを逸することなく変えていくのである。「朝令暮改」という四文字熟語がある。それは法令や命令が頻繁に変わって信頼できないという否定的な意味をもっている。しかし、いいと思ったときは速やかに実践する。それが問題だとわかれば、素速く元に戻す勇気をもつ。いまやそうした決断力が求められる時代である。その点でまさに「朝令暮改」の精神を大事にしなければならないと思う。規則やマニュアルに対しては、「やせ我慢」と「朝令暮改」を両立させることが求められているのである。

➡ マニュアルを守る集団づくり

　ときおりマニュアルの勝手な変更や改ざんが問題になるが、いずれの場合も自分たちの都合のいいように「改善」されている。とにもかくにも、「仕事がやりやすい」方向に「改善」されるのだから、誰も文句は言わない。そして、職場が閉鎖的である場合には、他集団の人間はそうした「改善」にも気づかない。こうしてマニュアルがいつの間にか勝手に「成長」していくのである。もっとも、実際には外部の人間だって知っていることもある。ただ、そんな状況を見て見ぬふりをしているだけなのである。それでうまくいっているのだし、不都合も起きていない。そんなときに、わざわざ波風をたてることはない。こうした気持ちがお互いに働くのである。いずれにしても、マニュアルの改ざんや無視のような事態を起こさないための絶対的、決定的な方策は頭に浮かばない。青臭いと思われるかもしれないが、対策の一つは、メンバーの倫理観を高めることである。「自分たちは変なことをしない」「マニュアルはきちんと守る」「よその集団がどうであろうと…」。こうした意識を全員にもってもらうことが必要なのである。「そんなこと当たり前じゃないか、しかしそれができないわけよ」などと否定的に考えないことだ。そうし

た発想をしている限り現状は変わらない。それがいいことだと信じるのなら、ねばり強く実践することである。その昔、鉄道の禁煙車は皆無だった。そのうち、少しずつ禁煙の車両数が増えていった。しかし、はじめの頃は、禁煙サインがあってもたばこを吸う人がいた。その人たちが禁煙車であることを知らないようには思えなかった。むしろ、「たばこを吸って何が悪い」と居直っているように見える者がけっこういた。そして、それを注意する人もほとんどいなかった。しかし、最近では禁煙車両でたばこを吸う客は1人もいない。少なくとも筆者の経験ではそう断言できる。こうして気がついたらいつの間にか変わっていたということも少なくない。「どうせやってもダメ」などとあきらめれば変化は永遠に起こらない。

　ともあれ、マニュアルに反することをしても、初めのうちは何事も起こらない。そのため、ますますマニュアル「改善」の正当性が高まったように思えてくる。そして、いつの日か蓄積した金属疲労が致命的な破壊となって現れる。もうそのときは手遅れなのだ。いまや情報公開の時代である。マニュアルをほかの集団とも共有化することが必要だろう。お互いに仕事の専門性が高いから、よその人間は素人同然になるかもしれない。しかし専門的でない目で見ることで、マニュアルの問題に気づくことがあり得る。自分たちの「常識」も、別の立場に立てば「非常識」であることはしばしば経験する。いずれにしても、組織にとって「閉鎖性」は悪性の腫瘍だ。自分たちですら気づかないうちに、取り返しのつかない状況にまで肥大化していく。しかも、この「閉鎖性」というがんは、組織全体に簡単に転移する。「うちはうち。お互いに干渉しないでいこうや。それがみんなの平和のため…」。こんな発想が蔓延している組織はかなり危ない。

　それでは、マニュアルが暴走して都合のいいように「改善」されないためには、どうしたらいいか。その重要なポイントが職場のリーダーにある。リーダーが「マニュアルはしっかり守っていこう」「勝手に変更するなんてことはしないでおこう」という姿勢をしっかりもち続けてい

る。こんな職場では、都合のいい「改善」の確率は減少する。こんなときは、特にリーダーの対人関係力が問題になる。ただ高圧的に「マニュアルから逸脱するな」「変更は断じて御法度」などと、江戸時代の悪代官のようなことを言っていてはまずい。自分の「保身」のためにマニュアル厳守を指示しているとみられるようだと迫力を失ってしまう。「あの上司が、先輩が言うのだから…」。こうした信頼関係が何にもまして大切なのである。同じようなマニュアルやルールであっても、きちんと遵守される職場もあれば、いい加減なところもある。その違いの要因として、職場における管理者のリーダーシップを無視することはできないのである。そして、個々の集団は重層的に重なり合いながら、より大きな組織になっている。第一線のリーダーが、その上のリーダーを信頼していること。そして、そのリーダーが、そのまた上のリーダーをどう見ているか…。最終的にはトップのリーダーシップにまでたどり着く。トップに対する信頼感は、すべてのリーダーシップの基礎になる。トップ層が、組織に所属する人々から、「現場を大事にしている」と認知されているかどうか。それによって、組織の安全は大きく左右されると考えていい。

➡ リスクマネジメントの公式（分数物語）

　人間にとって、リスクをコントロールすることは至難の業である。それを完全に"ゼロ"にすることはできない。すでに述べたように、安全な職場を実現するためには"確率よりも確実"を選択することが重要である。しかし、"確実"が成立するのは、"アルコールを飲んだら12時間は運転しない"といった、きわめて短時間の範囲に限られている。われわれは長期的には"確率"の空間で生き続けていかなければならないのである。そのためには、"安全性を高め、維持する努力"をエンドレスに続けていくしかない。

　こうした前提のもとで、本書の最後に「リスクマネジメントの公式」

を提起しておきたい。組織の事故やトラブルなどの可能性は図6-14のように分数で表される。潜在的にリスクが100の仕事をしている職場を想定してみよう。ここでリスクを減らすための努力をまったくしなければどうなるか。分母が"ゼロ"だから、"事故の可能性"も"無限大"、安全はまったく保証されない危険きわまりない職場だ。そこで、"少しばかり"気を入れて安全に向けた"努力"をしてみよう。すると、分母が"1"になって"無限大の危険性"は"100"という目に見える大きさになる。しかし、これではとても安心できるような状況ではないから、さらに"2倍ほど努力する"と"事故の可能性"は一挙に半分になる。しかし、それでもまだ"50"というリスクを抱えているのだから、十分に満足できる水準とは言えない。そこで、徹底的に"努力"を重ねていくことになる。それは"10"になり、"100"になり、そして"200"とどんどん進んで、ついには"10^n"になる。ここまでくれば、"事故の可能性はほとんどゼロ"の域に達する。ただし、それはあくまで"ほとんど"であり、それが"完全なゼロ"にはなり得ない。これがリスクマネジメントというものである。しかも、"ここまですればもういいか"と気を緩めることはできない。その瞬間に、分母は"ゼロ"になり、"無

$$事故の可能性 = \frac{リスクの大きさ}{努力}$$

$\frac{100}{0}$	$\frac{100}{1}$	$\frac{100}{2}$	$\frac{100}{10}$
Risk ∞	100	50	10
$\frac{100}{100}$	$\frac{100}{200}$	$\frac{100}{1000}$	$\frac{100}{10^n}$
Risk 1	0.5	0.1	0.00…

図6-14　リスクマネジメントの分数物語

限大の危機的状況"に逆戻りしてしまう。リスクマネジメントは、あくまで安全を求め続ける、終わりのないチャレンジなのである。

　ある組織で品質管理を担当している責任者から悩みを打ち明けられた。職場の安全向上のために全力を尽くしているのだが、ときおり職場のメンバーたちから疑問の声が上がるらしい。「いつも『安全、安全』と言われていますが、こんな運動、いつまでやらないといけないんですか」。いかにもうんざりといった表情だという。彼はこの一言でガックリしてしまう。「私の努力は何なのだろうかと意気消沈してしまいますよ」と苦笑しながら、「こういう質問に対して、何かいい答え方はないんでしょうか」と問いかけられた。

　筆者はそのときフッと思いつくことがあって、それをそのまま口に出した。「そういう方たちには、『それでは、あなたはいつまで歯磨きをするつもりですか』と聞いてみたらどうでしょう」。このとき「歯磨き物語」ができあがった。そもそも、歯磨きをしない大人はいないだろう。少なくとも朝晩の2回は歯磨きをしないと気持ちが悪いという人が多いと思う。しかし、歯磨きは生まれたときから自然に身についた習慣ではない。最初は赤ん坊の頃に、おそらく親から無理矢理に押さえつけられて歯を磨かれたはずである。ところが、気がつくといつの間にか歯を磨くことが当たり前になっている。そして、それが習慣になると、今度はそれをしないと気持ちが悪くなるのである。さて、こうして身についた歯磨きをいつまで続けるべきなのだろうか。その答えは「死ぬまで」だろう。あるいは「歯がなくなるまで」という人がいるかもしれないが、とにかく「ずっと」続けるのである。その理由は、歯を磨かないと自分の気持ちが悪いからだ。しかし、それよりももっと大事なことは、自分の健康を維持するためだからである。それは他人のためなどではない。たしかに、口臭で不快な思いをさせないという点では、他人のためという理由も多少はあるが、基本的には自分のために歯を磨くのだ。

　ここで大事なことは、どんなことでも「行動」しているうちに当たり前になるということである。最初は「イヤだ」「どうしてやらされるんだ」

と思うものでも、いつの間にかそれが当たり前になってしまう。安全にかかわる活動や仕事に関しても、いつの間にか歯磨きのように身について、それをしないと気持ちが悪くなる。しかも、それは他人のためではなく自分が健康で安全な職場生活を送るためにである。こうした発想で安全運動を考えていきたいものだ。

　「名人芸」ということばがある。同じことを繰り返しているようでありながら、他人から見ると「とてもあの人のようにはできない」と感動する。それが名人芸というものだ。われわれは無形文化財のような名人になれるわけではない。しかし、目つきが違う、動作が違う、歩き方が違う、機械の触れ方が違う、磨き方が違う、パイプの持ち方が違う…。こうして、誰にもできない「見事なまでの当たり前さ」を磨いていくことが大事なのだ。それこそがプロというものである。

ホームページへのお誘い

　筆者はホームページで様々な情報を提供しています。コラム"味な話の素"では、"対人関係""リーダーシップ""組織の安全"などをテーマに取り上げながら、毎日更新中です。"Back Number"をクリックすれば、すべての内容が読めます。

　ホームページは"Yahoo"や"Google"から「吉田道雄」で検索すれば簡単にアクセスできます。

　また、メニュー最下段にある"Repository"でも、"リーダーシップ"や"組織安全"に関する論文や読み物を86本公開しています（2011年5月現在）。

□ "Repository"から論文/読み物を見るには…

① Homepage 下段の"Repository"をクリックします。

② Excel の画面が出ますので、目的のタイトル名をクリックします。なお、下段の"シート見出し"で分野別（集団/リーダーシップ→LG　トレーニング→T　安全→S　教育→E）に探すこともできます。

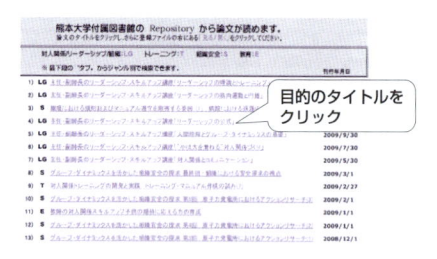

③ 熊本大学附属図書館のサイトに入りますので、右上部の"見る/開く"をクリックしてください。

これで、目的の論文/読み物がpdfファイルで提示されます。

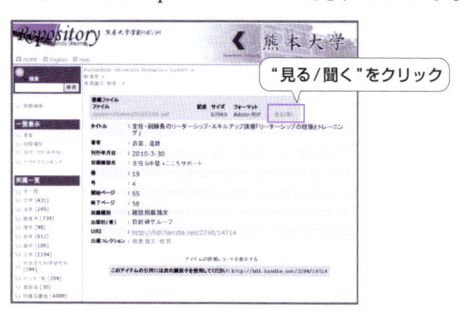

216

文　献

Marrow, A. J.(1969): The practical theorist; The life and work of Kurt Lewin. Basic Books(New York). 望月衛, 宇津木保訳(1972): KURT LEWIN; その生涯と業績, 誠信書房.
友野典男(2006): 行動経済学;経済は「感情」で動いている, 光文社.
集団力学研究所編(1975): 組織変革とPM理論, ダイヤモンド社.
吉田道雄(1998): 看護管理のグループ・ダイナミックス;リーダーシップの向上を目指して, ヘッドナース, 13(2): 146-153.
吉田道雄(2000): 組織の安全と人間;「組織安全」と「悪魔の法則」, 産業訓練, 46(542): 26-31.
吉田道雄(2000): 組織と人間の安全;「組織安全学」を求めて, 電気評論, 85(8): 7-10.
吉田道雄(2000): 組織の安全と集団的視点, 労働安全衛生広報, 751: 16-23.
吉田道雄(2001): 人間理解のグループ・ダイナミックス, ナカニシヤ出版.
吉田道雄(2001): 組織の安全と人間;集団力学の視点から, 電気評論, 86(5): 16-20.
吉田道雄(2001): 看護管理とリーダーシップ;行動としてのリーダーシップ, 婦長主任新事情, 12: 56-58.
吉田道雄(2001): 医療事故防止のヒューマン・アプローチ, Nurse Education, 2(1): 41-44.
吉田道雄(2002): 看護とリーダーシップ・トレーニング;リーダーシップの改善と職場の活性化, 婦長主任新事情, 140: 64-66.
吉田道雄(2002): 医療事故の人間的側面;組織安全と集団規範―医療経営最前線看護部マネジメント編, 婦長主任新事情, 144: 56-58.
吉田道雄(2004): 人間理解のグループ・ダイナミックス;組織における安全と健康の人間的側面〈安全衛生管理のグループ・ダイナミックス第1回〉, 働く人の安全と健康, 5(1): 58-60.
吉田道雄(2004): 事故防止のグループダイナミックス;事故を誘発する悪魔の法則〈安全衛生管理のグループ・ダイナミックス第4回〉, 働く人の安全と健康, 5(4): 58-60.

吉田道雄(2004):職場におけるリーダーシップとトレーニング;対人関係スキルの向上を目指して〈安全衛生管理のグループ・ダイナミックス第6回〉,働く人の安全と健康,5(6):57-59.

吉田道雄(2006):組織の安全と人間理解,長谷川敏彦編:医療安全管理事典,朝倉書店,p.22-26.

吉田道雄(2007):人生をよりよく生きるノウハウ探し;対人関係づくりの社会心理学〈熊本大学ブックレット1〉,熊本日日新聞社.

吉田道雄(2008):部下による評価の意義と効果的な活用;管理者のリーダーシップ向上と職場活性化のキーワード,看護展望,33(11):8-12.

吉田道雄(2008):リーダーシップとフォロワーシップ,主任&中堅+こころサポート,17(7):6-9.

吉田道雄(2009):教師の対人関係スキルアップ,教育と医学,57(1):20-26.

吉田道雄(2010):人間理解とグループ・ダイナミックスの基礎,主任&中堅+こころサポート,19(1):49-51.

吉田道雄(2010):リーダーシップの筋肉運動と円錐,主任&中堅+こころサポート,19(3):9-11.

吉田道雄(2010):連載／強い主任・師長をつくるリーダーシップ力養成講座,看護展望,35(1,3-13).

吉田道雄(2010):看護教育におけるコミュニケーション力育成のポイント;5つの視点と教員のリーダーシップ,看護展望,35(4):24-30.

吉田道雄(2010):コミュニケーション・スキルアップと病院の活性化,日本病院会雑誌,57(2):12-23.

吉田道雄,幸史子,東絹子,山本治美,澤田道子,右田香魚子(2007):看護師長を対象にしたリーダーシップ・トレーニングの実践;対人関係スキルアップと安全文化づくり,熊本大学生涯学習教育研究,5/6,23-29.

索引

[欧文]
Fail Safe
　Feel Unsafe　181
Group Dynamics　2, 3
Let's Think & Discussion　191
Lewin　3, 217
Sensitivity Training　12

[あ]
アクション・リサーチ　4, 6, 7, 20, 178, 179
悪魔の法　201, 206
味な話の素　65, 215
「安全運動」「安全目標」に対する「本音」調査　186
安全文化　195, 196, 199, 200

[い]
イメージの鏡　84, 86
イメージの振り返り　86

[え]
エンカウンター・グループ　13, 49

[お]
オリエンテーション　61, 64, 65, 136

[か]
科学的管理法　104, 105
科学の目　68
確率よりも確実を　181, 184, 207
感受性訓練　12, 13, 49, 63
頑張れサイン　130, 137, 170
管理から経営へ　104

[き]
既製の調査を使う　116, 121
技能・技術力　113
強制による力　108

[く]
グループ・ダイナミックス　2, 3, 7, 14, 66, 69, 176, 178, 179, 181, 192, 196, 217
グループの編成　78
グループワーク　15, 63, 78, 79, 80, 83, 84, 88, 89, 92, 94, 97, 99, 116, 125, 139, 185, 188

[け]
言語的コミュニケーション　21

[こ]
行動目標シート　129, 130, 131
行動目標実践の自己決定　129
行動目標の設定　126
行動目標のリフレッシュ　55, 163, 169
行動論　40, 41, 42, 44, 45
行動を変える4つの信念　140
心の筋肉運動　71, 72, 75
心の4つの窓　89, 92, 94

コミュニケーションのインフラ　27, 64
コンパクト・コース　52, 53, 54

[さ]
3か月後の手紙　171

[し]
自己決定　11, 12, 129, 130, 170
実践行動のふりかえりシート　138
自分に求められているリーダーシップ行動の探究　123
自分を知らせる、他人を知る、そして自分を知る　79, 80
集団規範　192, 196
集団決定法　2, 10, 11, 12, 15, 130
集団止考　70
集団の圧力　68
集団の発達　95
集団力学　2, 217
生涯学習　16, 57, 74, 217
情報による力　110
職場の規範チェックシート　195
職場のリスクチェック　190

[す]
スタンダード・コース　52, 53

219

ストレート・コミュニケーション 133
　　　　[せ]
正当性による力 109, 110
説得 63, 99, 100, 101, 102
説得から納得へ 102
専門性による力 109, 110, 112, 114
専門性を高める意欲 113
専門性を身につける方法を伝える力 115
　　　　[そ]
造船所における安全運動の展開 178
　　　　[た]
対人関係スキル向上のポイント 80
　　　　[ち]
知識から意識へ、そして行動へ 98, 181, 183,
知識の量 112, 113
　　　　[て]
手抜き 69
　　　　[と]
憧憬による力 109
特性論 40, 41, 42, 45
年上の部下 153
トップダウンとボトムアップ 154, 159

　　　　[に]
日常の目 68
　　　　[は]
バス運転手の事故再発防止 176
歯磨き物語 212
　　　　[ひ]
非言語的コミュニケーション 21
飛行機からのアドバイス 75, 77
　　　　[ふ]
フォロー研修 52, 53, 54, 55, 56, 60, 75, 129, 131, 132, 133, 136, 137, 139, 140, 163, 170, 171, 173
フォロー研修のスタート 136
部下の性別 153
部下の人数 148, 152
フル・コース 52
文化的孤島 63
　　　　[ほ]
報酬による力 109
　　　　[み]
「見えてますか」シート 132
ミニカリスマを目指そう 154, 157
　　　　[も]
目標設定の条件 163, 169
問題発見能力 113, 114

問題発見能力の育成 114
　　　　[ゆ]
指差呼称 201, 202
　　　　[り]
リーダーシップ・チェックシート 144, 147, 149
リーダーシップと影響力 106
リーダーシップの円錐 42, 107
リーダーシップは演技 154
リーダーシップ分析シート 147
リーダーシップ力の公式 35, 37
リーダーシップ力のチェックリスト 37
リスクマネジメント 64, 175, 181, 183, 185, 191, 195, 196, 201, 205
リスクマネジメントの公式（分数物語）210
　　　　[れ]
（クルト・）レビン 3
　　　　[ろ]
（カール・）ロジャース 13
　　　　[わ]
「『わたし』を知らせる」シート 80

著者

吉田道雄（よしだ・みちお）
熊本大学教授

九州大学大学院博士課程修了後、九州大学助手、鹿児島女子短期大学講師を経て、現在熊本大学教授（グループ・ダイナミクス）。博士（学術）・教育学修士。㈶集団力学研究所専務理事を兼ねる。

実践的リーダーシップ・トレーニング
―元気で安全な組織づくりの基礎とノウハウ―　　定価(本体2,800円＋税)

2011年6月29日　第1版第1刷発行

著　者　　吉田道雄Ⓒ　　　　　　　　　　　　　　　〈検印省略〉
発行者　　小倉啓宏

発行所　　株式会社　メヂカルフレンド社

〒102-0073　東京都千代田区九段北3丁目2番4号
麹町郵便局私書箱第48号　電話(03)3264-6611　振替00100-0-114708
http://www.medical-friend.co.jp

Printed in Japan　落丁・乱丁本はお取り替え致します
DTP／㈲マーリンクレイン　印刷／富士美術印刷㈱　製本／㈾村上製本所
ISBN978-4-8392-1456-2　C3047　　　　　　　　　　　　　　　105011-409

本書の無断複写は、著作権法上での例外を除き、禁じられています。
本書の複写に関する許諾権は、㈱メヂカルフレンド社が保有していますので、複写される場合はそのつど事前に小社（編集部直通 TEL 03-3264-6615）の許諾を得てください。